领导要义三千言
Ling Dao Yao Yi San Qian Yan

晓山 编著

中央编译出版社
Central Compilation & Translation Press

图书在版编目（CIP）数据

领言要义三千言 / 晓山编著. —北京：
中央编译出版社，2016.10（2018.12 重印）
ISBN 978-7-5117-3071-8

Ⅰ. ①领… Ⅱ. ①晓… Ⅲ. ①领导人员-修养
Ⅳ. ①C933

中国版本图书馆 CIP 数据核字（2016）第 179485 号

领言要义三千言

出 版 人：	葛海彦
出版统筹：	董　巍
选题策划：	谭　洁
责任编辑：	邓永标
责任印制：	尹　珺
出版发行：	中央编译出版社
地　　址：	北京西城区车公庄大街乙 5 号鸿儒大厦 B 座（100044）
电　　话：	（010）52612345（总编室）　　（010）52612367（编辑室） （010）52612316（发行部）　　（010）52612346（馆配部）
传　　真：	（010）66515838
经　　销：	全国新华书店
印　　刷：	北京佳信达欣艺术印刷有限公司
开　　本：	787 毫米×1092 毫米　1/16
字　　数：	98 千字
印　　张：	17
版　　次：	2016 年 10 月第 1 版
印　　次：	2018 年 12 月第 2 次印刷
定　　价：	68.00 元

网　　址：	www.cctphome.com　　邮　箱：cctp@cctphome.com
新浪微博：	@中央编译出版社　　微　信：中央编译出版社（ID：cctphome）
淘宝店铺：	中央编译出版社直销店（http://shop108367160.taobao.com）　（010）55626985

本社常年法律顾问：北京市吴栾赵阎律师事务所律师　闫军　梁勤
凡有印装质量问题，本社负责调换。电话：（010）55626985

目 录

前　言 ·· 01
第一辑　忠诚篇 ································ 001
第二辑　为民篇 ································ 013
第三辑　务实篇 ································ 025
第四辑　奉法篇 ································ 043
第五辑　任贤篇 ································ 053
第六辑　理念篇 ································ 069
第七辑　方法篇 ································ 093
第八辑　廉洁篇 ································ 145
第九辑　博学篇 ································ 163
第十辑　修身篇 ································ 183
第十一辑　戒律篇 ···························· 235

前 言

众所皆知，当好一名领导干部不容易。就领导干部自身而言，必须具有良好的基本素质和综合素质。否则，很难走稳、走远。其中，如何真正把握住领导要义显得至关重要。为此，笔者在编著《领导修养三千言》《领导智慧三千言》两本书之后，以为有必要就领导要义这一问题作些探讨，于是下决心撰写了《领导要义三千言》这本书。

全书分十一辑，即：忠诚篇、为民篇、务实篇、奉法篇、任贤篇、理念篇、方法篇、廉洁篇、博学篇、修身篇、戒律篇。这种分法未必全面、准确，仅供读者参考。

需要说明的是，书中所涉及的内容，有的是自己的一些体会或感悟，有的是参考了相关文献资料。

本书的出版得到中央编译出版社的支持和帮助。在此，表示衷心的感谢！

晓山

2015年7月28日于北京

第一辑　忠诚篇

1. 信仰是一种行为，它只在被实践的时候才有意义。

2. 信仰、信念、信心是安身立命的"压舱石"。

3. 党员干部必须把理想信念牢固树立起来，坚守共产党人的政治灵魂；必须把党性原则牢固树立起来，把爱党、忧党、护党落实到工作生活各个环节；必须把党员标准、好干部标准牢固树立起来，形成鲜明而正确的考核评价导向、选拔任用导向、激励约束导向；必须把政治规矩牢固树立起来，坚决同党中央保持高度一致。

4. 党员干部应有的意志不能被"乱花"迷惑，应有的定力不能被"浮躁"困顿，应有的作为不能被"舒适"消磨，应有的正气不能被"物欲"摧毁。

5. 当干部就必须坚定政治信仰、坚持政治原则、坚守政治纪律，中央提倡的坚决响应，中央决定的坚决照办，中央禁止的坚决杜绝。

6. 一定要"事不避难、义不逃责",忧党忧在深处、担当担在难处、守土守在实处。

7. 面对大是大非要敢于亮剑,面对矛盾要敢于迎难而上,面对危机要敢于挺身而出,面对失误要敢于承担责任,面对歪风邪气要敢于坚决斗争。

8. 忠诚,是我们党永不褪色的旗帜,是共产党人首要的政治品质。

9. 衡量一名党员干部是不是忠于党的事业,既要看他能否经受胜利、荣誉等顺境的考验,更要看他能否经受挫折、失败等逆境的考验;既要看他平时的言行,更要看关键时刻的表现。

10. 坚定信仰、坚强党性,才能涵养出不染一尘、清廉正直的力量源泉。

11. 没有对党的忠诚,就一定会在各种考验面前败下阵来。

12. 一切大的政治错误没有不是离开辩证

唯物论的。

13. 为党分忧,为国干事,为民谋利。

14. 大格局,当一生常为国家忧。

15. 在所有党的纪律和规矩中,第一位的是政治纪律和政治规矩;在所有的政治规矩中,坚持党中央集中统一领导是最根本的政治规矩。

16. 角度决定高度,立场决定命运。

17. 是非面前分得清,名利面前放得下,关键时刻靠得住。

18. 为政以德,譬如北辰,居其所而众星拱之。

19. 信念是本,作风是形,本正而形聚,本不正则形必散。

20. 三军可夺帅也,匹夫不可夺志也。

21. 利于国者爱之,祸于国者恶之。

22. 永远打不断的是脊梁,永远撕不碎的是信念。

23. 船的力量在帆桨,人的力量在理想。

24. 骏马无腿难走路,人无理想难进步。

25. 有理想而无行动的人，只有在梦中等到收获。

26. 信仰是一种伟大的情感，一种创造力量。

27. 忠诚的人，对人处处关心；虚伪的人，对人当面奉承。

28. 宁可打断骨头，不可背弃信念。

29. 石可破，而不可夺坚；丹可磨，而不可夺赤。

30. 只有信念使快乐真实。

31. 理想的滑坡是最致命的滑坡，信念的动摇是最要命的动摇，精神的懈怠是最害命的懈怠。

32. 为党分忧不添乱，为国尽责不懒惰，为民奉献不伸手。

33. 一戒信仰迷茫，二戒精神迷失，三戒思想迷乱。

34. 人无精神不立，党无精神不坚，国无精神不强。

35. 功名浮华眼前过，心中有党乾坤大。

36. 道路决定命运,道路引领未来。

37. 立志要如山,行动要如水;不如山,不能坚定;不如水,不能曲达。

38. 忠诚为要,卓越为先,创新为源,拼搏为荣,奉献为上,自律为基。

39. 崇高的理想纯洁心灵,坚定的信念激发力量。

40. 人,无精神则无魂;人,无精神则无向;人,无精神则无品;人,无精神则不立。

41. 胸怀理想,在开拓进取中迸发激情;坚定目标,在勇于担当中保持激情;心中有责,在奋发有为中燃烧激情;端正心态,在陶冶情操中涵养激情。

42. 信念是本,作风是形,本正而形聚,本不正则形必散。

43. 有什么样的信仰,就有什么样的选择;有什么样的理想,就有什么样的方向。

44. 只有思想上不松劲,才能行动上不偏向。

45. "革命理想高于天",把坚定理想信念立起来；"不畏浮云遮望眼"，把实事求是精神立起来；"开弓没有回头箭"，把改革创新精神立起来；"一枝一叶总关情"，把以人为本精神立起来；"责任重于泰山"，把敢于担当精神立起来；"雄关漫道真如铁"，把艰苦奋斗精神立起来。

46. 践行严以修身，党性修养锤炼到位；践行严以用权，依法行政规范到位；践行严以律己，为政清廉落实到位；践行谋事要实，科学决策谋划到位；践行创业要实，真抓实干履职到位；践行做人要实，对党对民忠诚到位。

47. 锤炼党性修养，不当"政治糊涂人"；严守党纪国法，不当"政治自由人"；牢记使命担当，不当"政治局外人"。

48. 天下至德，莫大乎忠。

49. 不当糊涂官，做政治上的明白人；不当甩手官，做事业上的有心人；不当庸碌官，做履行新使命新要求的领路人。

50. 牢记共产党员的第一身份，就是要把党和人民放在心中最高位置；牢记为党工作的第一职责，就是要做到忠诚于党组织，任何时候都与党同心同德。

51. 有梦想就有希望，有信念就有力量。

52. 政治信仰不能变，政治立场不能移，政治方向不可偏。

53. 人只要不失去方向，就永远不会失去自己。

54. 政治家认为自己属于国家，而政客却认为国家属于自己。

55. 没有理想就等于没有灵魂。

56. 忠诚取决于认同。

57. 兴必虑衰，安必思危。

58. 宁弃千军，不弃寸土。

59. 统则强，分必乱。

60. 天下大权，当统于一。

61. 以身许国，何事不可为？

62. 奉国知命轻，忘家以身许。

63. 居庙堂之高则忧其民，处江湖之远则忧其君。
64. 大奸似忠，大诈似信。
65. 位卑未敢忘忧国。
66. 理论自觉是一种责任担当。
67. 用信仰铸就忠诚。
68. 思想是行动的先导，知之深才能行之笃。
69. 信仰如灯，缺失将堕入黑暗。
70. 心中有理想再累也快乐。
71. 如果没有理想的鼓舞，就会变得空虚而渺小。
72. 理论强党必强，思想富国必富。
73. 坚定信念是保持良好精神状态的前提和基础；满怀激情是保持良好精神状态的关键所在；敢于担当是保持良好精神状态的重要体现，争取一流是保持良好精神状态的重要标准。
74. 信念失败则妄念生，妄念生则事业损、前程危。

75. 理必求真,事必求是,言必守信,行必忠诚。

76. 志向决定格局,格局决定结局。

77. 管好纪律才能看住手中权力,遵守规矩才能保持政治定力。

78. 人生如屋,信仰如柱;崇高的信仰和坚定的信念,始终是共产党人的安身立命之本,也是好干部第一位的要求。

79. 担当是立业之基、成事之要,有多大担当,才能干多大事业。

80. 有志者立长志,无志者常立志。

81. 立志是事业的大门,信心是事业的立脚点。

82. 水激石则鸣,人激志则宏。

第二辑　为民篇

83. 天地无心，视听在民。

84. 大明偏无照，至公无私亲。

85. 民之所望，施政所向。

86. 歪风邪气流失民心，清风正气凝聚民心。

87. 当干部就应沉到基层、走进群众，用脚步丈量民意、用心灵倾听民声，在与群众一块苦、一块干、一块过中增进服务群众的感情和本领。

88. 得大数而治，失大数而乱。

89. 在人生的坐标系上，以公心定方位、以宗旨指方向，才能立起主心骨，知进退、明得失，做到坦荡做人、谨慎用权，俯仰无愧于天地间。

90. 执政党的"赶考"，考官是人民，"答卷"打多少分，人民群众说了算；只有在人民监督中不断提高"考试成绩"，才能交出人民满意的"答卷"。

91. 得天下者必先得人心。

92. 行仁政者得民心，得民心者得天下。

93. 干事创业应当做到"民之所好好之，民之所恶恶之"。

94. 计利当计天下利，求名应求万世名。

95. 为政之善，莫过公平。

96. 人心的公正，是社会厚德善行的基础；权力的公正，是社会厚德善行的核心。

97. 党员干部做工作，最重要的是关注群众、贴近群众、走进群众，把群众的呼声视为工作的"指南针"，作为谋划工作的"着力点"，以法治精神为灵魂，以实事求是原则为底线，不走捷径，严格按照规章制度办事，按照客观规律办事。

98. 觉悟高、方向明，在思想上引领群众追求；讲奉献、重业绩，在利益上满足群众需要；戒懒散、忌空谈，在形象上获得群众认同；不躲闪、不推诿，在作为上得到群众信任；拒腐蚀、防风险，在品格上赢得群众赞誉。

99. 民生大于天，民心重如山。

100. 大贤秉高鉴，公烛无私光。

101. 公道达而私门塞，公义明而私事息。

102. 用于国有节，取于民有制。

103. 万事民为先，百姓才是头上天。

104. 任劳不任怨，功德减一半。

105. 民为邦本，本固邦宁。

106. 不因私利抛公义、不因私谊废公事，坚决反对以权谋私、假公济私。

107. 知屋漏者在宇下，知政失者在草野，知官歪者在百姓。

108. 彰显"俯首甘为孺子牛"的亲民情怀，铸就"春蚕到死丝方尽"的爱民品质，坚持"一枝一叶总关情"的为民举动。

109. 问题是时代的口号，百姓是公仆的父母，服务是领导的义务。

110. 家事国事天下事，服务百姓是实事；潜绩显绩皆政绩，造福百姓是实绩。

111. 为国者不可好用兵，亦不可畏用兵；好则疲民，畏则遗患。

112. 民谣折射情绪。

113. 国以民为本，民以食为天。

114. 济大事必以人为本。

115. 德唯善政，政在养民。

116. 顺民心则威令行。

117. 天下顺治在民富，天下和静在民乐，天下兴行在民趋于正。

118. 人心者，国家之命脉也。

119. 众怒不可犯。

120. 先天下之忧而忧，后天下之乐而乐。

121. 人之命在元气，国之命在人心。

122. 官声誉起为民事，业绩成于跬步行。

123. 为政之本，务在于安民；安民之本，务在于足用。

124. 民存则社稷存，民亡则社稷亡。

125. 治国犹如栽树，本根不摇，则树叶茂荣。

126. 工作应一丝不苟，用权须一毫不偏。

127. 政在去私，私不去，则公道亡。

128. 金杯银杯不如群众口碑，金山银山不如人民靠山。

129. 立公去私才是真经正理,自立自强方是正道良途。

130. 权力来源于权利,权利制约权力。

131. 政之所兴,在顺民心;政之所废,在逆民心。

132. 民治则国安,民乱则国危。

133. 德厚足以安世,行广足以容众。

134. 奉公如法则上下平,上下平则国强。

135. 民生连着民心,民心关系国运。

136. 只有以百姓福祉为念、为百姓谋福利者,才会福照一生,才会真正得到百姓的祝福。

137. 居官谋公、为民造福、奉献社会、利在千秋,才是为政之幸福。

138. 就业是民生之本,教育是民生之基,分配是民生之源,社保是民生之依,稳定是民生之盾。

139. 深怀爱民之心,恪守为民之责,善谋富民之策,多办利民之事。

140. 民不富裕惭公仆,邑有贫穷愧俸钱。

141. 真诚善待百姓，时时牢记百姓为衣食父母；真诚善待同志，胸怀坦荡，既无嫉贤妒能之心，更无委琐卑鄙之意。

142. 要把为人民服务作为最大追求，把为人民谋利益作为最高目的，认认真真访民情，诚诚恳恳解民忧，实实在在帮民富。

143. 不以私情废公事，不拿原则做交易。

144. 以平常心看待权，以责任心用好权，以公众心使用权。

145. 民心如海，滴水汇聚成汪洋；民利名山，寸山积累成巍峨。

146. 问政于民知得失，问需于民知冷暖，问计于民知虚实。

147. 应民所呼，察民所虑，解民所忧。

148. 心系群众鱼得水，脱离群众树断根。

149. 干部走什么路，群众迈什么步。

150. 真诚倾听群众呼声，真情关心群众疾苦，真心解决群众困难。

151. 群众利益无小事，细微之处见真情。

152. 见小利，不能立大功；存私心，不能谋公事。

153. 万民所指，无疾而死；万民所爱，青春常在。

154. 无论多高的山都是大地托起的，无论多伟大的人都是人民养育的。

155. 民利不可占，民意不可欺，民权不可夺，民心不可失。

156. 用权于公，再大也不算大；用权于私，再小也不算小。

157. 能去私曲就公法者，民安而国治；能去私行行公法者，则兵强而敌弱。

158. 位不在高，勤政则明；官不在大，为民则灵。

159. 公则四通八达，私则一偏而隅。

160. 官视民如草芥，则民视官如寇仇。

161. 百姓昭明，协和万邦。

162. 爱民者强，不爱民者弱。

163. 理国之道，莫若安民。

164. 为政之道，以顺民心为本，以厚民生为本，以安而不扰为本。

165. 治国之道，富民为始。

166. 意莫高于爱民，行莫厚于乐民。

167. 乐民之乐者，民亦乐其乐；忧民之忧者，民亦忧其忧。

168. 民怨则国危。

169. 众怒难犯，专欲难成。

170. 失众心，足以亡。

171. 举正于中，民则不惑。

172. 平易近民，民必归之。

173. 欲天下治，莫若恤人。

174. 为民兴利除害，正民之德。

175. 国将兴，听于民；将亡，听于神。

176. 为国者以民为基，民以衣食为本。

177. 善政得民财，善教得民心。

178. 德不厚者，不可使民；官德不彰，民心不聚。

179. 视责任如泰山，把百姓当亲人。

180. 天下之治乱，不在一姓之兴亡，而在万民之忧乐。

181. 惟有心中摆正百姓位置，涵养执政良知，用行动标注为民的信念，才能筑起坚不可摧的"民心长城"。

182. 水能载舟，亦能覆舟。

183. 只有牢固树立马克思主义权力观，坚持权为民所用、利为民所谋，才能把立党为公、执政为民的理念变为执政实践。

184. 做官先做人，万事民为先。

185. 无我者明，无物者公。

186. 履不必同，期于适足；治不必同，期于利民。

187. 千道理万道理，让群众发家致富是硬道理；千条路万条路，让群众发家致富是正经路；千本事万本事，让群众幸福满意是真本事。

188. 先天下之贫而贫，后天下之富而富。

189. 问政于民，问需于民，问计于民。

190. 立身不忘做人之本，为政不移公仆之心，用权不谋一己之私。

191. 以民为本，必须亲民；以民为本，必须尊民；以民为本，必须爱民；以民为本，必须富民。

192. 三人行，必有我师；谋发展，必求民智。

193. 财聚则民散，财散则民聚。

194. 服务好群众是当干部的本分。

第三辑　务实篇

195. 作风实，无事不成；作风虚，无事能成。

196. 做事不贪大舍小，做人莫媚上欺下。

197. 新思路来自对中央决策的紧跟和深跟，新思路来自对发展规律的掌握和把握，新思路来自实践工作中的创新和创造。

198. 拒绝平庸，远离懒惰。

199. 担当，要敢承担；担当，要敢决策；担当，要敢破难；担当，要敢出列。

200. 老实做人，规矩做事。

201. 实践出真知，有行才有悟。

202. 虚名只是个累人的噱头。

203. 民之所望，施政之所向。

204. 言之贵在于行，行之贵在于果。

205. 对待老干部，必须保持敬重之心、倾注关爱之情、多做务实之事。

206. 不贪腐只是底线要求，更重要的是干事创业，否则无异于"公堂木偶"。

207. 政贵有恒，治须有常。

208. 基础不牢，地动山摇；基础扎实，坚如磐石。

209. 常青树就是摇钱树,常绿水就是发财水。

210. 尽己之所可为,尽己之所宜为。

211. 量力而行则不竭,量智而谋则不困。

212. 成功缘于实干,祸患始于空谈。

213. 生活与工作一样,一切都应该立足于实际。

214. 生活只有在平淡无味的人看来才是空虚而平淡无味的。

215. 与其想着如何活得长,还不如想想如何过得好。

216. 有所作为才是生活中的最高境界。

217. 重要的是生活的深度,而不是虚有其表的广度。

218. 举大体而不论小事,务实效而不为虚名。

219. 行百里者,半于九十。

220. 一日操劳,睡得安逸;一生尽责,死亦无憾。

221. 做事要做切实可行的事。

222. 急功近利与尸位素餐都是要不得的。

223. 当干部始终应以解决问题为工作的指导。

224. 绝假则纯真,笃实则生辉。

225. 有志始知蓬莱远,无为总觉咫尺远。

226. 一代人有一代人的光荣和梦想,一代人有一代人的际遇和烙印。

227. 个人梦只有与中国梦相连相通,个人计只有放在天下计的大棋盘里,梦想才能成真,格局才能非凡。

228. 常抓抓出习惯来,耐心抓出长效来。

229. 要笃实力行、励精图治,说了的就要办,定了的就要干,决不能虚与委蛇、糊弄应付,决不能"为官不为"。

230. 所有的记不得,都是没用心;所有的没有空,都是感觉不重要。

231. 眼光应当看到未来,力量需要用于现在。

232. 喊破嗓子不如甩开膀子。

233. 真抓才能攻坚克难，实干才能梦想成真。

234. 抓而不紧、抓而不实、抓而不常，等于白抓。

235. 不痛不痒、四平八稳，蜻蜓点水、走马观花，满嘴空洞的口号，落不到实处，还不如不做。

236. 干事业做工作，就必须踏石留印、抓铁有痕。

237. 一个问题一个问题地改作风，一个节点一个节点地抓党建，弊革风清的政治生态一定能成为现实。

238. 基层强，党就强；基层弱，党就弱。

239. 人勤春早，政勤民安。

240. 治国安邦，重在基层；管党兴党，重在基础。

241. 只有把基层党组织这个根基打牢，整个党才能坚如磐石；只有持之以恒，固本培元，我们党才能长期执政、永续执政。

242. 落地才能生根，根深才能叶茂。

243. 抓落实，是党性观念的体现，是纪律观念的体现，是责任担当的体现，是思想和工作作风的体现；抓落实，必须严明责任、聚焦问题、跟踪督查、创新方法。

244. 世间事，做于细，成于严；管理不严、松弛懈怠，迟早会出问题。

245. 没有切实可行的目标，就失去了团结大家为之奋斗的动力；没有狠抓落实，任何目标都是"墙上画饼""镜花水月"。

246. 领导就要带头，干部就要干事，在位就要有为。

247. 政治生态风清气正，干部就会有干劲、有奔头，就会干实事、走正道；反之，就可能投机钻营、走歪门邪道。

248. 世界上的一切事物，都遵循着本然、自然、应然、必然的逻辑线路发展，谁顺应并遵循这个规律，谁就立于不败之地；谁漠视并不明智地违背这个铁律，必将会受到应有的惩罚。

249. 只有牢牢将落实抓在手上，以深入的思想教育增强动力，以严格的检查考核传导压力，以认真的督促协调减少阻力，工作才能得到较好的执行，执行方能有较好的效果。

250. 有意义的战斗胜过无意义的生活。

251. 安危在是非，不在强弱；存亡在虚实，不在多寡。

252. 想，要壮志凌云；干，要脚踏实地。

253. 成绩只能说明过去，不能说明未来。

254. 实事求是。

255. 政者，口言之，身必行之。

256. 虚伪的真诚，比魔鬼更可怕。

257. 不虚心，不知事；不实心，不成事。

258. 刁巧伶俐奸，不如忠厚老实憨。

259. 贪是诸恶源，诚是万善本。

260. 做事必须求踏实，为人切莫务虚名。

261. 铁是打出来的，马是骑出来的。

262. 奋斗是万物之父。

263. 有苦干的精神,事情便成功了一半。

264. 鞠躬尽瘁,死而后已。

265. 铁肩担道义。

266. 百闻不如一见。

267. 言文而不信,行诡而不实。

268. 要成大事,就得既有理想,又讲实际,不能走极端。

269. 珍惜一切时间,用于有益之事,不搞无谓之举。

270. 不干,固然遇不着失败,也绝对遇不着成功。

271. 树老怕空,人老怕松,戒空戒松,以严以终。

272. 光说不练假把式,光练不说真把式,连说带练全把式。

273. 离开实际的理论是死理论,离开理论的实际是瞎实际。

274. 没有实际的理论是空虚的,同时没有理论的实际是盲目的。

275. 实践是检验真理的唯一标准。

276. 用理论来推动实践，用实践来修正或补充理论。

277. 一等二靠三落空，一想二干三成功。

278. 一切问题，只有在"干"当中才能解决；一切办法，只有在"干"当中才能找到；一切机遇，只有在"干"当中才能抓住。

279. 一个实际行动胜过一打纲领。

280. 以责任促落实，以责任保成效。

281. 眼睛向下看，身子往下沉。

282. 要埋头苦干，更要抬头巧干。

283. 为政之要，贵在力行，重在履事。

284. 事业是"干"成的，不是"吹"成的；局面是"打"开的，不是"喊"开的。

285. 亲自抓、亲自干，"干"是最好的领导方法。

286. 生命的意义，在于过程，而不在结果。

287. 把握当下，切莫等待。

288. 因循苟且逸豫而无为，可以侥幸一时，而不可旷日持久。

289. 惟其艰难，才更显勇毅；惟其笃行，才弥足珍贵。

290. 应该做的事，顶着压力也要干；必须负的责，迎着风险也要担。

291. 合抱之木，生于毫末；九层之台，起于垒土；千里之行，始于足下。

292. 心态好，昂扬不张扬；脑筋活，低调不低能；手脚快，落实不落空。

293. 千忙万忙，不落实是瞎忙。

294. 处大事贵乎明而能断，临大势贵在顺而有为。

295. 历尽天华成此景，人间万事出艰辛。

296. 责守明则谋政专，勤于正事必疏于邪门。

297. 生态兴则文明兴，生态衰则文明衰。

298. 一勤天下无难事。

299. 做好小事才能成大事。

300. 尽责是立身之本，担当是成事之道。

301. 为官避事平生耻，莫使慵懒入公堂。

302. 道虽迩,不行不至;事虽小,不为不成。

303. 干,可能会有失误,但如果不干,任由事业停滞,才是最大的失误;闯,可能会有冒险,但如果不闯,坐视机遇丧失,才是最大的冒险。

304. 只想当官不想干事、只想揽权不想担责、只想出彩不想出力,是没有资格做领导工作的。

305. 千条万条,不抓落实等于白条;千招万招,不抓落实等于白招。

306. 腿功要好,才能"走得远";脚印要深,方能"走得稳";步伐要轻,才能"走得快"。

307. 肩扛千斤谓之责,背负万石谓之任。

308. 接受工作不走样,执行任务不打折。

309. 做好分内是基本,做好分外是进取。

310. 落实执行力关键在于责任到位。

311. 能干事者有机会,干成事者有地位。

312. 职务代表着责任,权力意味着使命,领导就是服务。

313. 言之非难,行之为难。

314. 从来平庸多误民,未有昏庸能兴邦。

315. 机遇诚可贵,眼光价更高,而比眼光更值钱的就是要做好当下。

316. 只有做好当下,才是真正地服从全局,才能更好地做以后的事情。

317. 找到了问题的关键,也就找到了解决问题的方法。

318. 有担当才有前途,敢担责才有作为。

319. 为官以勤,敬业尽责,才能理政安民。

320. 官不勤则事废。

321. 干部不想干事,就不配叫干部;干部不会干事,就不是好干部;干部不去干事,就不能当干部。

322. 自豪不自满,昂扬不张扬,务实不浮躁。

323. 千古风流在担当,万里功名须躬行。

324. 问题面前不回避,压力面前不躲闪,困难面前不推脱,挑战面前不畏惧。

325. 上面松一寸,下面就会松一尺;上面玩虚的，下面就会走过场。

326. 形式主义误事，形象工程误国。

327. 路不行不到，事不为不成。

328. 华而不实，耻也。

329. 君子处其实，不处其华；治其内，不治其外。

330. 不贪一时之功、不图一时之名，多干打基础、利长远的事。

331. 以勤补拙才能化繁为简，脚踏实地才能真正治本。

332. 临渊羡鱼，不如退而结网。

333. 当官处事，但务着实。

334. 实言、实行、实心，无不孚人之理。

335. 艰苦奋斗，事业必成；贪图享受，自毁前程。

336. 躬行为实，不尚虚言。

337. 不夸言，不愧行。

338. 不受虚言，不听浮术，不采华名，不兴伪事。

339. 善政必简。

340. 官吏浮冗，最为天下之大患。

341. 罢冗员，减浮费，戒豪侈。

342. 省吏不如省官，省官不如省事。

343. 千虚不如一实。

344. 口惠而实不至，怨灾及其身。

345. 差之毫厘，谬以千里。

346. 在其位，谋其政，负其责，尽其力。

347. 能力就像一张支票，要把它兑换成现金，否则毫无价值。

348. 成功缘于实干，祸患始于空谈。

349. 橘生淮南则为橘，生于淮北则为枳。

350. 积小胜为大胜，积跬步以至千里。

351. 目标脱离实际换来一场空忙。

352. 讲实情，是务实的底线；出实招，是务实的行动；办实事，是务实的责任；求实效，是务实的目标。

353. 思做事，贵立行；思成事，贵立新。

354. 制度的生命力在于执行，执行的保障力在于监督。

355. 再长的路，一步步也能走完；再短的路，不迈双脚也无法到达。

356. 用能力证明自己，胜过用空话吹嘘自己。

357. 旁观者的姓名永远爬不到比赛者的计分板上。

358. 节流而不开源，顶多只能拥有半潭死水；守成而不创业，顶多只能保住一片祖产。

359. 低调者远见，务实者高深。

360. 一屋不扫，何以扫天下。

361. 今日事，今日毕。

362. 思而不行则无用，行而不思则无功。

363. 未来不迎，当时不杂，过往不恋。

364. 感叹是弱者的习性，行动是强者的性格。

365. 只欣赏自己昨天的功绩，会忘却自己明天的职责。

366. 若想无愧于永久的历史，必须无愧于今天的现实。

367. 空话越多的土壤，结出的果实越小。

368. 吹捧他人的时候也是在贬低他人，粉饰自己的时候也是在丑化自己。

369. 只有经过奋斗拼搏的人，才能去叩开机遇的大门。

370. 道路上的里程碑，既是过去的终点，又是未来的开篇。

371. 后悔一千次，不如脚踏实地奋斗一次；叹息一千次，不如鼓足勇气拼搏一次。

372. 思索的烦恼后面是创造的建树，奋斗的痛苦后面是收获的欢欣。

373. 机遇也许是需要等待的，但顽强进取一刻也不能停止。

374. 杂草多的田里粮食少，空话多的地方效率低。

375. 荣誉只属于过去，拼搏才能赢得未来。

第四辑　奉法篇

376. 法立,有犯而必施;令出,唯行而不返。

377. 要明规矩、知敬畏,常念"紧箍咒",在思想上划出红线,行为上明确界限。

378. 为官之义在于明法;不明法不足以正纲纪,无纲纪就不能护公正,"明法"才可以去贪昧、养情操、守底线。

379. 心有敬畏,方能见贤思齐、见利思义,在利益面前不伸手,在权力面前不愈矩,法律红线决不触碰,党纪底线坚决捍守;心怀公正,方能一碗水端平,一把尺子量到底,坚持法纪面前人人平等、执行法纪没有例外。

380. 国家的稳定、社会的和谐,主要不是靠法律的事后惩戒,而是靠人民的自觉遵守。

381. 万物皆规律,有法天下和。

382. 权力越透明,权利就越有保障。

383. 大道至简,有权不可任性。

384. 立治有体,施治有序。

385. 法无禁止皆可为，法无授权不可为，法定职责必须为。

386. 全面推进依法治国，法律必须被遵守，法治必须被信仰。

387. 治国必先治党，治党务必从严，从严必有法度。

388. 举头三尺有纲纪。

389. 唯有敬畏法纪，恪守"三严三实"，才能慎初、慎微、慎行，确保忠诚、干净、担当。

390. 矩不正，不可为方；规不正，不可为圆。

391. 守纪律是底线，守规矩靠自觉。

392. 不守规矩，必有倾覆之虞。

393. 如果缺少了组织程序，只是我行我素，对个人，就如同无舵之舟、无缰之马，迟早迷失方向；于组织，则如同一盘散沙、一堆乱麻，难以形成合力。

394. 木受绳则直，金就砺则利。

395. 道私者乱，道法者治。

396. 小智治事，中智治人，大智立法。

397. 纪律和规矩既是"紧箍咒"，也是"护身符"，是对干部的爱护和保护；既有利于党的事业健康发展，也有利于开展领导工作、提高领导威信，是干部成长道路上的"安全带"。

398. 不能公私不分，把公权力用于回报私情；不能情大于法，因感情因素而有失公正；不能利压倒法，为谋取私利而罔顾国法。

399. 吃菜根淡中有味，守王法梦里无惊。

400. 心中要高悬法律的明镜，手中要紧握法律的戒尺，知晓为官做事的尺度。

401. 权力是一把双刃剑，在法治轨道上行使可以造福人民，在法律之外行使则必然祸害国家和人民。

402. 法治不彰，党无宁日，国无宁日；纲纪不彰，党将不党，国将不国。

403. 只有牢固树立法治信仰，才能有学法守法用法的自觉；只有懂法知法，才能明白什么事能干、什么事不能干；只有自觉守法、用法，才能履好职尽好责。

404. 办事要依法，遇事要找法，解决问题要用法，化解矛盾要靠法。

405. 心中高悬法律的明镜，手中紧握法律的戒尺，知晓为官做事的尺度。

406. 法律红线不可越，法律底线不可碰。

407. "削足适履"只会适得其反，法治中国建设只能走自己的"中国路"。

408. 治国凭圭臬，安邦靠准绳。

409. 奉法者强则国强，奉法者弱则国弱。

410. 法律是治国之重器，良法是善治之前提。

411. 司法腐败是最大的腐败，司法不公是最大的不公。

412. 依法治国是外化于行，以德治国是内化于心。

413. 法律是准绳，任何时候都不能违背；道德是基石，任何时候都不可忽视。

414. 法贵疏而能禁，罚贵轻而必行。

415. 治国者先受制于法。

416. 法律必须被信仰，否则形同虚设。

417. 法者天下之公器也，变者天下之公理也。

418. 贵师而重傅，则法度存。

419. 法令行则国治，法令弛则国乱。

420. 越规者，规必惩之；愈矩者，矩必匡之。

421. 锄一害而众苗成，刑一恶而万民悦。

422. 立善法于天下，则天下治。

423. 法律之内，应有天理人情在。

424. 道私者乱，道法者治。

425. 国无法则人无矩，法不公则国不稳。

426. 权力具有扩张性，不受制约的权力必然任性；而防止权力滥用的重要途径是依法以权力制约权力。

427. 刑当罪则威，不当罪则侮。

428. 治国无其法则乱，守法而不变则衰。

429. 法不阿贵，绳不挠曲。

430. 令必行，禁必止。

431. 用法不可太宽，宽则人不知惧；施恩不可太过，过则人不知感。

432. 官无德则法不善，官无德则法不行。

433. 法治治人，德治治心；法安天下，德润人心。

434. 欲知平直，则必准绳；欲知方圆，则必规矩。

435. 手莫伸，要增强法规观念；手莫伸，要增强治未病理念；手莫伸，要增强敬畏意念；手莫伸，要增强慎独心念。

436. 为国之道，当先治法；为帅之道，当先治德。

437. 政从法来，德从修来，位从为来。

438. 信仰规矩，方能走好人生之路，创造人生最大的价值；无视规矩，就会跌倒在人生路上，成为人民的罪人。

439. 没有严明的纪律，从严治党就无从谈起；有了纪律不严格执行，从严治党也会落空。

440. 反腐必须治权，治权必靠法治。

441. 谋划工作要运用法治思维，处理问题要运用法治方式，说话做事要先考虑一下是不是合法。

442. 规矩既设，三隅乃列。

443. 治理国家有纲常，而以对民众有利为根本；从事政事有规范，而以令行禁止最重要。

444. 法存则国安，法亡则国危。

445. 德以施惠，刑以正邪。

446. 法有明文，情无可恕。

447. 国有常法，虽危不亡。

448. 掌国必掌兵，理社必掌刑。

449. 私情行而公法毁。

450. 刑罚不时，则民伤；教令不节，则俗弊。

451. 法与时转则治，治与世宜则有功。

452. 礼法以时而定，制令各顺其宜。

453. 不别亲疏，不殊贵贱，一断于法。

454. 万事皆归于一，百度皆准于法。

455. 法者天下之公器。

456. 不以私害法，则治。

457. 经国序民，正其制度。

458. 制度时，则国俗可化而民从制。

459. 王者为民，治则不可以不明，准绳不可以不正。

460. 言出如箭，执法如山。

461. 执法而不求情，尽心而不求名。

462. 不教而诛，则刑繁而邪不胜；教而不诛，则奸民不惩。

463. 人道经纬万端，规矩无所不贯。

464. 刑过不避大臣，赏善不遗匹夫。

465. 执法如山，守身如玉。

466. 人情里面有原则，交往当中有纪律。

467. 中规中矩走得远，违规逾矩栽跟头。

第五辑　任贤篇

468. 德者才之帅，才者德之资。

469. 要注重选用"德行过关，本事过人，政绩过硬"的人，树立厚德卓才的鲜明用人导向。

470. 注重干部的主观努力，看其在取得实绩的过程中的担当和付出；注重干部的民意反映，多到基层干部群众和服务对象中、多在乡语口碑中了解干部，把群众口碑作为检验干部的"试金石"；注重干部的政绩成本，避免出现寅吃卯粮、竭泽而渔的政绩；注重干部的后续效果，看取得的政绩是否经得起历史、实践的检验，避免"政绩工程""面子工程"背后留下的一屁股烂账；注重干部的价值取向，看其在眼前功利还是根本长远利益等面前能否做出正确选择。

471. 得贤则昌，失贤则亡。

472. 坚持因事用人、因岗择人、因能授职。

473. 必须旗帜鲜明地树立"德才兼备、以德为先、以廉为基"的用人导向。

474. 用人所长，越用越长，用长了他就成了人才；用人所短，越用越短，时间长了他就成为"废物"。

475. 选好人、用好人，是干部工作的底线，从严治吏就是要严格选人用人；选错人、用错人，一切都无从谈起。

476. 圣贤无全德，君子无全能。

477. 严格落实选拔任用的组织程序，任何一个该有的环节都不能少，该由上级决定的事项决不能擅自做主，该按规矩办的决不能搞例外，防止随意变通、程序空转。

478. 知人要看事，看事要看本质，以事论人、因事择人，做到人尽其才、才尽其用、人岗相适。

479. 用人导向是旗帜、是标杆，是从政环境的定盘星、政治生态的晴雨表；好干部标准真正落地生根，好干部才能越来越多，正能量才能越来越强。

480. 努力推动形成贤者上、平者让、庸者下、劣者汰的用人环境。

481. 轻虑者不可以治国，独智者不可以存君。

482. 疑人不用，用人不疑。

483. 官在得人，不在员多。

484. 治国之道，唯在举贤。

485. 用人不以瑕掩玉。

486. 用人如器取所长。

487. 得贤则治，失贤则乱。

488. 人才与国相始终，千古兴亡鉴青史。

489. 为官举贤，责无旁贷。

490. 人才乃是"活长城"。

491. 不知人之短，不知人之长，不知人长中之短，不知人短中之长，则不可以用人。

492. 锣鼓听音，相人看心。

493. 听其言而观其行。

494. 视其所以，观其所由，察其所安。

495. 国以人兴，政以才治。

496. 看干部主要看肩膀能不能负重，能不能超负荷。

497. 唯德才兼备、风高范远者，乃大格局。

498. 选干部，要守"大法"，要有"大公"，要重"大德"，要行"大道"，要集"大贤"。

499. 用人导向是最根本的导向，吏治腐败是最大的腐败。

500. 要有天下为公的政治情怀，有一种"用人但问堪否，岂为新故异情"的政治气度，有一种"天下之贤，与天下用之，何必出乎己"的政治境界。

501. 天下之政，非贤不理；天下之业，非贤不成。

502. 只要是德才兼备的优秀干部，无论来自哪湖哪海，都要人尽其才、用当其时；只要是忠实于党的同志，无论和自己有无"交集"，都要用其所才、充分使用。

503. 报国之忠，莫如荐士；负国之罪，莫如蔽贤。

504. 人能尽其才则百事兴。

505. 有大略者不可责以捷巧，有小智者不可任以大功。

506. 疾风知劲草，板荡识诚臣。

507. 言过其实，不可大用。

508. 尺之竹必有节，寸之玉必有瑕疵。

509. 人有所优，固有所劣；人有所工，固有所拙。

510. 瑕不掩瑜，瑜不掩瑕。

511. 人各有能有不能。

512. 骏马能历险，犁田不如牛；坚车能载重，渡河不如舟。

513. 有德有才，破格重用；有德无才，培养使用；有才无德，限制使用；无德无才，坚决不用。

514. 不患人之不己知，患不知人也。

515. 听其言必责其用，观其得必求其功。

516. 国将兴，必贵师而重傅。

517. 一年之计，莫如树谷；十年之计，莫如树木；终身之计，莫如树人。

518. 要让"吃苦的人吃香，有为的人有位"。

519. 雏凤清于老凤声。

520. 平时工作能看得出来，关键时刻能站得出来，危急关头能豁得出来。

521. 敬一贤则众贤悦，诛一恶则众恶惧。

522. 庸医误诊，庸师误人，庸官误事。

523. 为治以人才为本，人才以教化为先。

524. 按岗选人，以事择人；人岗相适，用当其时。

525. 得人之道，在于知人；知人之法，在于责实。

526. 致天下之治者在人才，成天下之才者在教化。

527. 尺有所短，寸有所长；物有所不足，智有所不明。

528. 英雄不问出处，成功不靠背景。

529. 用一贤人则群贤毕至，见贤思齐就蔚然成风。

530. 天地无全功，圣人无全能，万物无全用。

531. 领导重在用人,用人重在激励,激励旨在凝聚。

532. 最为持久的投入是人才。

533. 与人不求备,检身若不及。

534. 不以好恶取才,不以妒谤毁才,不以卑微轻才,不以亲疏选才,不以小过舍才。

535. 用当其时,用当其才,用当其愿,用当其所。

536. 用一善人,足以导千万人从善。

537. 用准一个人,激励一大片;用错一个人,挫伤一大片。

538. 才不称不可居其位,职不称不可食其禄。

539. 一把尺子量长短,一个标准论高低。

540. 为政之要,唯在得人,用非其才,必难致治;图功未晚,亡羊尚可补牢;浮慕无成,羡鱼何知结网。

541. 用人有三危:少德而多宠,才下而位高，身无大功而受厚禄。

542. 高者未必贤，下者未必愚。

543. 路不险，则无以知马之良；任不重，则无以知人之才。

544. 有能则举之，无能则下之。

545. 常格不破，人才难得。

546. 德不广不能使人来，量不宏不能使人安。

547. 不厚其栋，不能任重。

548. 宁可虚位以待人，不可以人而滥位。

549. 不才者进，则有才之路塞；选能而任之，择善而从之。

550. 不以人废言，不以言废人。

551. 为人择官者乱，为官择人者治。

552. 有才而无势，虽贤不能制不肖。

553. 事无全利，亦无全害，办事应取其利避其害；人有所长，亦有所短，用人应取其长舍其短。

554. 多理解，少挑剔；多信任，少怀疑；多宽容，少责备；多坦诚，少敷衍。

555. 用人得当,则一人能顶数人之用;用人不当,则数人不能成一人之功。

556. 轻诺者信必寡,轻誉者背必非。

557. 试玉要烧三日满,辨材须待七年期。

558. 人能尽其才则百事兴。

559. 务求贤良,以安百姓。

560. 金无足赤,人无完人。

561. 任贤惟固,恤民惟勤。

562. 择之以才,待之以礼。

563. 择才不求备,任物不过涯。

564. 用人不求其备,嘉善而矜不能。

565. 求士莫求全,用人如用木。

566. 举人不得挟其私,受任不得孤其举。

567. 任贤必治,任不肖必乱。

568. 选士用能,不拘长幼。

569. 不以卑而不用,不以辱而不尊。

570. 论德而定次,量能而授官。

571. 因任而授官,循名而责实。

572. 见功而与赏,因能而授官。

573. 举人不能不破格,破格则须循名核实。

574. 贤者举而上之，不肖者抑而废之。

575. 进忠謇，退不肖；任贤勿贰，去邪勿疑。

576. 江山代有才人出，各领风骚数百年。

577. 世不患无才，患无用之之道。

578. 路不险则无以知马之良，任不重则无以知人之才。

579. 临危方始见英雄。

580. 建官惟贤，位事惟能。

581. 任贤而理，任不肖而乱。

582. 成大功者不小苛。

583. 取人先观大节。

584. 不以人所短弃其所长。

585. 有事考功，有言考用，动则考行，静则考守。

586. 求才贵广，考课贵精。

587. 考绩必以岁月，故官不失绪。

588. 剑不试则利钝暗，弓不试则劲挠诬。

589. 禄过其功者削，名过其实者损。

590. 才不胜不可居其位，职不称不可食其禄。

591. 各以所宜，量材授任。

592. 量力而任之，度才而处之。

593. 力弱者勿任其厚负，才卑者勿尸其隆位。

594. 论材选士，必试于职。

595. 欲知其人，观其所使。

596. 人用财试，金用火试。

597. 非举无以知其贤，非试无以效其实。

598. 水积鱼聚，木茂鸟集。

599. 地薄者大物不产，树高者鸟宿之。

600. 用人如器，各取所长。

601. 任人之长，不强其短；任人之士，不强其拙。

602. 举贤任才，立国之本。

603. 国之宝器，其在得贤。

604. 天下之要，人才而已。

605. 不以小故妨大美。

606. 举贤无私，用人不疑。

607. 疑则勿用，用则勿疏。

608. 育才造士，为国之本。

609. 采玉者破石拔玉，选士者弃恶取善。

610. 剖开顽石方知玉，淘尽泥沙始见金。

611. 德不胜其任，其祸必酷；能不称其位，其殃必大。

612. 小才难大用。

613. 制大物必用大器。

614. 人尽其才，则百事举。

615. 才不胜，不可居其位；职不称，不可食其禄。

616. 用人如器，扬长避短。

617. 看己要看短，看人要看长。

618. 为政之本在于选贤任能。

619. 挽弓当挽强，用人当用长。

620. 看秤看斤两，看尺看长短；看人看气节，看官看品格。

621. 根据一个人的兴趣可以判断他的性格。

622. 有德无才不成事，有才无德干坏事，德才兼备成大事。

623. 置不肖之人于位，是为虎缚翼也。

624. 用人导向不正，就会涣散党心，冷了人心，危害的是政治生态的源头；要以清朗的用人风气，推动政治生态的"山清水秀"。

625. 路遥知马力，日久见人心。

626. 家贫显孝子，国难识忠臣。

627. 百人百姓，各人各性。

628. 十步之间，必有芳草；十室之邑，必有俊士。

629. 让干事的人有机会，让能干成事的人有舞台。

第六辑　理念篇

630. 凡事勤则易，凡事惰则难。

631. 不管一个人多么有才能，但是集体常常比他更聪明和更有力。

632. 推己及人，换位思考。

633. 道虽不远人，理却不加身。

634. 行使权力：心善不能心软。

635. 要想领导他人，先管理好自己。

636. 不偏心，才能赢得尊重和信任。

637. 为国不可以生事，亦不可以畏事。

638. 政善治，事善能，动善时。

639. 为政治国，必须与时俱进。

640. 不忘初心，方得始终；不忘创新，方有未来。

641. 道不同，不相与谋。

642. 含而不露有时也是一种智慧。

643. 仰高者不可忽其下，瞻前者不可忽其后。

644. 适时低头，隐忍为高。

645. 忍耐是一种弹性前进的策略。

646. 谦下示人不易被攻击。

第六辑　理念篇

647. 小事不妨糊涂，大事务必精明。

648. 聪明不外显才是真聪明。

649. 藏巧守拙，用晦如明。

650. 让人为上，吃亏是福。

651. 弯腰有时比站直了更高。

652. 柔弱比刚强要持久。

653. 顺时务者为俊杰。

654. 让步才能进步。

655. 仁慈比武力更有力。

656. 广施恩德，不战而屈人之心。

657. 跟得上变化才能把握机会。

658. 勤者改造困难，懒人制造困难。

659. 事必躬亲，绝非高明之举。

660. 该软时软，当硬时硬。

661. 分散主义不是民主，集中统一才有力量。

662. 思必出位，行必素位。

663. 传统是创新的基点，创新是传统的发展。

664. 改革创新必须建立在继承传统的基础

上，否则就会成为无本之木；继承传统也需要在新的实践中改革创新，否则就会滞步不前。

665. 教育是今天的事业、明天的希望。

666. 使命重于泰山，众志铸就长城。

667. 安不忘危，治不忘乱。

668. 有功必赏，有罪必罚，则为善者日进，为恶者日止。

669. 难在坚持，贵在坚持，成在坚持。

670. 政务要公开，政"误"也要公开。

671. 微笑不用成本，但能创造财富；赞美不用花钱，但能产生力量；分享不用费用，但能倍增快乐。

672. 一个人的责任是充溢在生命的每一个时刻的，不能像工作服一样，下班了就挂在衣架上。

673. 上山要低着头，下山要昂着头；人生上坡要自谦些，下坡要自信些。

674. 对过去，要淡；对现在，要惜；对未来，要信。

675. 律己足以服人,量宽足以得人,身先足以率人。

676. 穷则变,变则通,通则久。

677. 平等相待才会赢得尊重,互动沟通才能获得理解。

678. 兵不可玩,玩则无畏;兵不可废,废则召寇。

679. 兵不强,不可以摧敌;国不富,不可以养兵。

680. 兵不妄动,师必有名。

681. 兵者国之大事,死生之地,存亡之道,不可不察也。

682. 兵者外以除暴,内以禁邪。

683. 得时者昌,逆时者亡。

684. 国不富不可以兴兵,民不合不可以合战。

685. 内修文德,外严武备。

686. 先即制人,后则为人制。

687. 成功不是终点,失败也不是末日。

688. 害怕被打败的人一定会失败。

689. 苟自不能受谏，安能谏人。

690. 广开言路，博采群谋。

691. 容直言，广视听。

692. 善为政者，弊则补之，决则塞之。

693. 贤不肖不杂则英杰至，是非不乱则国家治。

694. 贤路当广而不当狭，言路当开而不当塞。

695. 一己之见有限，众人之智无穷。

696. 一寸光阴一寸金，寸金难买寸光阴。

697. 忘记历史就意味着背叛。

698. 如果自由流于放纵，专制的魔鬼就乘机侵入。

699. 举直错诸枉，则民服；举枉错诸直，则民不服。

700. 人生不能设计，只能面对。

701. 人生如逆水行舟，不进则退。

702. 只有忠实于事实，才能忠实于真理。

703. 错误经不起失败，但是真理却不怕失败。

704. 胳膊拗不过大腿。

705. 论事不可趋一时之轻重，当思其久而远者。

706. 壮志和热情是伟业的辅翼。

707. 节约本身就是最大的收入。

708. 大胆天下去得，小心寸步难行。

709. 浪再大也在船底下，山再高也在脚下。

710. 两军相遇勇者胜。

711. 丧失勇气就会丧失一切。

712. 无畏的人面前才有路。

713. 下河不怕漩涡多，打铁不怕火烫脚。

714. 取得成就时坚持不懈，要比遭到失败时顽强不屈更重要。

715. 幸运所需要的美德是节制，而逆境所需要的美德是坚忍。

716. 精诚所至，金石为开。

717. 竹子是一节一节长起来的，功夫是一天一天练出来的。

718. 敢于当傻瓜是走向聪明的第一步。

719. 摸着石头过河。

720. 卓越的才能，如果没有机会，就将失去价值。

721. 明日复明日，明日何其多？日日待明日，万事皆蹉跎。

722. 时间就是生命，时间就是速度，时间就是力量。

723. 志士惜年，贤人惜日，圣人惜时。

724. 荒废时间等于荒废生命。

725. 利用时间是一个极其高级的规律。

726. 见缝插针，寸阴必争。

727. 时间无私，历史无情。

728. 敬业乐群。

729. 管得少，就是管得好。

730. 管理就是把复杂的问题简单化，混乱的事情规范化。

731. 管理就是决策。

732. 省钱就是挣钱。

733. 不断的奋斗就是走上了成功之路。

734. 困难里包含胜利，失败里孕育成功。

735. 败事之路顺溜溜，成事之路弯曲曲。

736. 不能爱哪行才干哪行，要干哪行爱哪行。

737. 二人同心，其利断金。

738. 军民团结如一人，试看天下谁能敌。

739. 万人操弓，共射一招，招无不中。

740. 若不团结，任何力量都是弱小的。

741. 单丝不成线，独木不成林。

742. 篝火能把严寒驱散，团结能把困难赶跑。

743. 团结就是力量。

744. 高尚的竞争是一切卓越才能的源泉。

745. 复杂的事情要简单做，简单的事情要认真做，认真的事情要重复做，重复的事情要创造性地做。

746. 认真做事只是把事情做对，用心做事才能把事情做好。

747. 不务天时则财不生，不务地利则仓廪不盈。

748. 大礼不辞小礼，细节决定成败。

749. 海不择细流，故能成其大；山不拒细壤，方能就其高。

750. 天下之难事，必作于易；天下之大事，必作于细。

751. 致广大而尽精微。

752. 一个篱笆三个桩，一个好汉三个帮。

753. 对人以诚信，人不欺我；对事以诚信，事无不成。

754. 人类本性最深的需要是渴望别人的欣赏。

755. 小信诚则大信立。

756. 不研究自身，就不可能深刻了解别人。

757. 谋略只能解决战术问题，解决战略问题必须靠实力。

758. 谋一域，必须放眼全局；谋大事，必须把握大势。

759. 懂团结是大智慧，会团结是大本事，真团结是大境界。

760. 放弃多余的"包袱"，才能走得更高远。

761. 与其苛求环境，不如适应环境。

762. 立正才能心安，行稳方能致远。

763. 把工作当事业干，把岗位当舞台使，把群众当亲人看。

764. 遇到问题不绕道，碰到矛盾不上交，看到困难不退缩。

765. 服务才能服众，自省才能自警，有为才能有位。

766. 能容人，搞得好团结；能容事，打得开局面；能容言，听得进真话。

767. 胸怀全局，把握大局，关注小局。

768. 隐患险于明火，防范胜于救灾，责任重于泰山。

769. 没有能力做不成事，没有忍耐成不了事。

770. 得道多助，失道寡助。

771. 用兵之道，攻心为上，攻城为下；心战为上，兵战为下。

772. 疑行无成，疑事无功。

773. 不塞不流，不止不行。

774. 有所不为，为无不果；有所不学，学无不成。

775. 苟日新，日日新，又日新。

776. 天变不足畏，祖宗不足法，人言不足恤。

777. 视工作为乐趣，人生就是天堂；视工作为痛苦，人生就是地狱。

778. 把错误变成肥料。

779. 善于把握人生，才能赢得人心。

780. 想干事，是一种状态，一种激情；会干事，是一种能力，一种胆识；干成事，是一种追求，一种效益；不出事，是一条底线，一种坚守；好共事，是一种品质，一种修行。

781. 责任至上，尽责是金。

782. 理念一新视野宽。

783. 兼听则明，偏听则暗。

784. 知无不言，言无不尽；言者无罪，闻者足戒。

785. 文武之道，一张一弛。

786. 胆欲大而心欲小，智欲圆而行欲方。

787. 安而不忘危，存而不忘亡，治而不忘乱。

788. 以正治国，以奇用兵。

789. 力行新政，不悖旧章。

790. 思想引导行动，观念决定成效。

791. 一语宽容，雨露缤纷；一生宽容，心系乾坤。

792. 包容不仅是给别人机会，更是为自己创造机会。

793. 不讲监督的信任是轻信，放弃监督的信任是纵容。

794. 善退者，进；善舍者，得。

795. 处事，感情要蕴藏在理智中；处人，感情要表现在理智上。

796. 稳健致远。

797. 恭敬了别人，庄严了自己。

798. 军队是有形的武装，文化是无形的军队。

799. 没有"枪杆子"国家危险，只有"枪杆子"国家更危险。

800. 惧险有险，贪安无安。

801. 眼界定宽度，观念定高度；脚步定速度，思想定未来。

802. 有竞争才有发展，有发展才有进步；有进步才有创新，有创新才有辉煌。

803. 言论自由不是随心所欲，行动自由不是为所欲为。

804. 人生精彩不是实现梦想之瞬间，而是坚持不懈实现梦想之过程。

805. 任意挥霍时间，等于缩短生命。

806. 赢得了时间就是赢得了一切。

807. 抱最大的希望，做最大的努力，准备最坏的打算，争取最好的结果。

808. 团结是力量的源泉，同心是智慧的摇篮。

809. 不知道怎么办的时候，选择顺其自然，也许是最佳选择。

810. 努力改变可以改变的一切，尽可能适应不能改变的一切。

811. 一个健全的心态，比一百种智慧更有力量。

812. 心态决定状态,状态决定结果。

813. 做事要透明不要掩饰,做人要阳光不要阴暗;对贡献的要求不妨高一些,对待遇的要求不妨低一些。

814. 用心于正,一振而群纲举;用心于诈,百补而千穴败。

815. 事已立而迹不见,功已成而人不知。

816. 谄谀在侧,善议障塞,则国危矣。

817. 疮疤见光易好,伤口捂着易烂。

818. 执道循理,必从本始。

819. 宽容像春天的阳光,照耀别人也温暖自己。

820. 从容的忽略胜过愤慨的回击。

821. 退一步是为了形成合力;应当学会妥协。

822. 主动是成功,被动就成了平庸。

823. 自己复杂对方就复杂,自己简单对方就简单。

824. 环境是机会赋予的,压力是责任感带来的,拒绝责任就等于拒绝机会,负起责任将展现能力。

825. 机遇不但要及时抓住，还要及时应用。

826. 以利相交，利尽则散；以权相交，权尽则弃。

827. 坚韧的精神始终具有魅力。

828. 稳重使人生得以从容。

829. 巧言不如直道。

830. 疑行无成，疑事无功。

831. 地博不兼小，兵强不劫弱。

832. 强本节用，为理财之要。

833. 能变则全，不变则亡。

834. 不革其旧，安能从新？

835. 小变则小革，大变则大革；小革则小治，大革则大治。

836. 秉纲而目自张，执本而末自从。

837. 号令不虚出，赏罚不滥行。

838. 为威不强还自亡，立法不明还自伤。

839. 赏善罚恶，恩威并行。

840. 赏无度则费而无恩，罚无度则戮而无威。

841. 明者因时而变,知者随事而制。

842. 广言路,杜谗口。

843. 问题就是导向,差距就是潜力,短板就是重点。

844. 忠言逆耳,甘词易人。

845. 凡得时者昌,失时者亡。

846. 知者善谋,不如当时。

847. 仁者不穷约,智者不失时。

848. 为政之道,务于多闻。

849. 落后就要挨打,贫穷就要挨饿,失语就要挨骂。

850. 明镜所以照形,古事所以知今。

851. 理国要道,在于公平正直。

852. 无偏无党,王道荡荡;无党无偏,王道平平;无反无侧,王道正直。

853. 治国之道,上无苛令,官无烦治。

854. 为政不易过碎,碎则民烦。

855. 下扰则政乱,民怨则德薄。

856. 贵不专权,罔惑上下。

857. 凡事一新,毋循旧弊。

858. 利不百，不变法；功不十，不易器。

859. 励精图治，将大有为。

860. 心事如青天白日，言动如履薄临深。

861. 适宜者存，失宜者败。

862. 为政，通下情为急。

863. 善治天下者，必明于天下之情，而后得御天下之术。

864. 在上位不陵下，在下位不援上。

865. 时间，抓起来就是黄金，抓不起来就是流水。

866. 将治大者不治细，成大功者不成小。

867. 明于大则暗于小。

868. 详于小，必废其大。

869. 治大者不可以烦，烦则乱。

870. 主大计者，必执简以御繁。

871. 顺天者昌，逆天者亡。

872. 大行不顾细谨，大礼不辞小让。

873. 成事在理不在势，服人以诚不以言。

874. 天时不如地利，地利不如人和。

875. 勇挑重担，不怕困难。

876. 任劳任怨，以身作则，能以大家的甘苦为自己的甘苦。

877. 领导就是希望的使者。

878. 不忘历史才能开辟未来，善于继承才能善于创新。

879. 干工作要靠团队而不靠团伙，要团结而不结团，要讲是非而不弄是非。

880. 人心换人心，黄土变成金。

881. 功成理定何神速？贵在推心置腹。

882. 给敢担当的人撑腰，让敢担当的人有位。

883. 人生就像骑单车，想保持平衡就得往前走。

884. 信誉是领导力的基石。

885. 建立可靠的领导力的基础，就是说到做到。

886. 永远不要停止尝试。

887. 没有最好，但求更好；没有完美，但要追求完美；没有极致，但要朝极致努力。

888. 观念决定命运。

889. 时间是一切成就的土壤,空间是能力发展的地盘。

890. 用淡泊的心态,读风雨雷电、看万紫千红;用理智的思维,面对世态炎凉、人情冷暖;用宽宏的胸怀包容人间沧桑、人生起落。

891. 心情要放松,但不可放纵;生活要放开,但不可放肆;管理要放手,但不可放任;用人要放心,但不可放飞。

892. 只能权衡,难以平衡;只有不断权衡,才能相对平衡。

893. 推诚而不欺,守信而不疑。

894. 问题的背后往往隐藏着机遇。

895. 领导是被学习的榜样,不是被赞扬的对象。

896. 心中有敌,天下皆有敌;心中无敌,无敌于天下。

897. 进取中不忘稳健,在稳健中不忘进取。

898. 为政贵简,简在心纯,简在务本,简在尽心。

899. 人生没有坎坷就没有成就。

900. 不管未来的路有多远，执着是前行的动力。

901. 用微笑拥抱生活，不向失败低头。

902. 人人都是环境的塑造者，环境也在影响人、改变人。

903. 问题就是导向，差距就是潜力，短板就是重点。

904. 没有正常的生活就没有真正卓越的人生。

905. 重积德，则无不克。

906. 大胜靠德，小胜凭智；治长以德，治短以术。

907. 做人要真诚，做事要精明。

908. 人生至善，就是对生活乐观，对工作愉快，对事业兴奋。

909. 只有志趣相投，才能做到同心同德；只有同心同德，才能够团结相助、共赢发展。

910. 事在四方,要在中央;圣人执要,四方来效。

911. 要想不平凡,就要不服输。

912. 公平正义,自在人心。

第七辑　方法篇

913. 牵一发而动全身,动一子而活全盘。

914. 知其事,而不度其时则败。

915. 妄动易坏事,百忍能成金。

916. 循序渐进,稳中求胜。

917. 有机会抓住机会,没有机会等待机会。

918. 领导行为四句话:先领后导,少领多导,又领又导,重点在导。

919. 要把劲用在关键处,节约一切可以节约的资源。

920. 只有按计划办事,才能让一切掌握在自己的手中。

921. 接受下属的成绩,也要接纳他的错误。

922. 给下属面子,下属才会对工作更加积极。

923. 用温和的方式指出下属的错误,比疾言厉色更有效。

924. 压力能让潜能得到更好的激发。

925. 窥一斑而知全豹。

926. 只有关心人,才能团结人。

927. 没有服从就没有指挥,没有指挥就谈不上管理。

928. 马上行动，习惯于拖延则是缺乏格局意识的体现。

929. 说话算数，绝对不打折扣，这是领导者威信及组织纪律的保证。

930. 实话实说，问题才容易解决。

931. 请君入瓮：以其人之道，还治其人之身。

932. 当错误出现时，想办法弥补比想办法逃避更急迫。

933. 善于用新视角分析工作、用新观念谋划工作、用新举措推进工作。

934. 指标没有目标重要，目标没有目的重要；技术没有战术重要，战术没有战略重要。

935. 总揽权纲，量时度力，举无过事。

936. 利居从后，责在人先。

937. 细节没有环节重要。

938. 只有付出超人的代价，才能取得超人的功绩。

939. 防为上，救次之，戒为下。

940. 愚者谙于成事，智者见于未萌。

941. 每一次危机本身既包含导致失败的根源，也孕育着成功的种子。

942. 思路决定出路，想法决定活法，有什么样的智慧，有什么样的眼界，就有什么样的生活。

943. 有美好梦想和冲天干劲，但不知底线和风险在哪里，有可能莽撞冒进；有守住底线的谨慎，却没有敢闯敢试的行动，就是消极保守。

944. 关键位置上的人必须控制住。

945. 大处着眼，小处下手。

946. 要有面对逆境的准备。

947. 不要被表面现象所蒙蔽。

948. 有思路，更要有眼界。

949. 降低身份能够抬高身价。

950. "近利"当前，更需"远虑"。

951. 主动示弱，墙矮无人推。

952. 有功归上，有过归己。

953. 循序渐进，待时而发。

954. 以不变应万变，万变不离其宗。

955. 该出手时就要果断出击。

956. 弦外之音要会听。

957. 谨慎"收声"，适时"出声"。

958. 懂得迂回之道，兼顾灵活性和原则性。

959. 精明过头，就是智慧不足。

960. 适度妥协是一种智慧。

961. "无为者"无所不为。

962. 圆通而不圆滑。

963. 取舍要干脆，进退要利索。

964. 强在弱中取，进在退中求。

965. 适当的放弃反而是赢家。

966. 后退有时是向前。

967. 适时而止才能前进不停。

968. 出头后还应赶紧低头。

969. 替别人着想，就是替自己打算。

970. 最大的危机往往是最大的转机。

971. 面子舍得给，才会赢得多。

972. 便宜好占，麻烦难收。

973. 有柔有刚，不可偏执一端。

974. 赞扬的话说到人心底才有效。

975. 忍小失，才能有大得。

976. 早结网才能捕好鱼。

977. 少个冤家多条路。

978. 能造势还要会顺势。

979. 无"法"不"威"，新官上任要立威。

980. 相互帮衬才能做大"势"。

981. 容人之过，得人之心。

982. 打击敌人不如争取敌人。

983. 及时向帮助你的人表达感谢。

984. 当着矮子不说矮话。

985. 背后说人不如明面指出。

986. 与人交往切不可夸夸其谈。

987. 卧薪尝胆只为日后扬眉吐气。

988. 牛气不如争气，翻脸不如翻身。

989. 不张扬的才华才是真才华。

990. 小不忍则乱大谋。

991. 动辄赌气无疑是自毁前程。

992. 不言大功，更受器重。

993. 认错才能"无错"。

994. "柔"但不能"软"。

995. 有时也需"独断专行"。

996. 收放自如，张弛有道。

997. 得理饶人更易征服人。

998. 情绪要发泄但不可乱发泄。

999. 读不懂人心处不了世。

1000. 劝人要切中要害。

1001. 赏罚要分明。

1002. 有时一定要做铁腕人物。

1003. 纲举目张，抓大而放小。

1004. 低姿态的领导更受欢迎。

1005. 小人得志不可轻。

1006. 凭专业谋事，按规矩办事。

1007. 讲专业才能善谋事，懂专业才能会干事；有规矩才能干成事，守规矩才能不出事。

1008. 医国如医身、治党如治人：上下同治，殊病分治；内外共治，官民并治；标本兼治，未病防治；急病先治，老病综治。

1009. 有病不治就会使小病拖成大病，顽症恶化为绝症。

1010. 新问题就得用新办法来解决。

1011. 如无必要，勿增实体。

1012. 把工作做到位的秘籍：汇报工作说结果；请示工作说方案；总结工作说流程；布置工作说标准；关心下级问过程；交待工作讲道德；回忆工作说感受。

1013. 忙中不说错话，乱局不看错人，复杂不走错路。

1014. 多点看问题，就不会有死路。

1015. 想尽一切办法不与上司磕磕绊绊。

1016. 为人坦诚但不能不分对象。

1017. 总与人较劲，等于给自己留后患。

1018. 不能争到的就必须放弃。

1019. 小合作要放下态度，彼此尊重；大合作要放下利益，彼此平衡。

1020. 善于观察，慎于选择，敢于出手。

1021. 开局到位，就不会在中盘气喘吁吁，就会减少收局阶段受人控制的可能性。

1022. 工作中的"八戒"：一戒忧虑过度；二戒高兴过度；三戒悲伤过度；四戒猜疑过度；五戒过度愤怒；六戒过度消极；七戒过度焦躁；八戒过度计较。

1023. 重症须用猛药，乱局要用重典。

1024. 按本色做人，按角色办事。

1025. 遇到急、难、险、重的工作，既要挂得帅又要出得征。

1026. 细节上不舍尺寸之功，成功才不会失之于空。

1027. 伟人改变环境，能人利用环境，凡人适应环境，庸人埋怨环境。

1028. 麻绳最容易从细处断，堤坝最容易从蚁穴溃，工作最容易从薄弱环节上出问题。

1029. 事物都是由局部构成整体、由细节构成过程的；局部出现弱项，细节出现软肋，都会对整体和过程带来危害。

1030. 没有分类指导，就没有针对性；没有统筹协调，就没有整体性。

1031. 点是面的细胞，没有面，点就无所依存；面是点的集合，没有点，面就无以支撑。

1032. 看似寻常最奇崛，成如容易却艰辛。

1033. 认识差之毫厘，行动谬以千里。

1034. 有眼界才有境界，有实力才有魅力，有思路才有出路，有作为才有地位。

1035. 书，看了就是知识，没看就是废纸；理想，努力了才叫梦想，放弃了那只是妄想。

1036. 努力，虽然未必会收获，但放弃就一定一无所获。

1037. 在工作上，能力不敌态度；在成功上，才华不敌韧度；在知识上，广博不敌深度；在思想上，敏锐不敌高度；在做人上，精明不敌气度；在做事上，速度不敌精度；在看人上，外貌不敌风度；在写作上，文采不敌角度；在方法上，创意不敌适度。

1038. 成功没有奇迹，只有轨迹。

1039. 当天上掉下馅饼的时候，小心地上也有个陷阱在等着你。

1040. 流言是写在水上的字，注定不持久，但是又传得飞快。

1041. 战胜对手善于以柔克刚；待人处世贵有宽柔之心。

1042. 方向错了，前进一步等于后退一步，而后退一步，亦等于前进一步。

1043. 想干事，是状态，是激情，是责任；会干事，是能力，是水平，是胆识；干成事，是追求，是效益，是目的；好共事，是团结，是合作，是包容；不出事，是底线，是红线，是高压线。

1044. 政治是一种科学，是一种艺术。

1045. 暴得者必暴亡，强取者必后无功。

1046. 避而骄之，引而劳之，攻其无备，出其不意。

1047. 观其虚则进，见其实则止。

1048. 善防川者，决之使导。

1049. 圣人千虑，必有一失；愚人千虑，必有一得。

1050. 言者无罪闻者戒，下流上通上下泰。

1051. 不入虎穴，不得虎子。

1052. 举事以为人者，众助之；举事以自为者，众去之。

1053. 见善则迁，有过则改。

1054. 谋先事则昌，事先谋则亡。

1055. 谋者谋于未兆，慎者慎于未成。

1056. 为一身谋则愚，而为天下谋则智。

1057. 要跳得更远，必须先退后一步。

1058. 有志者自有千方百计，无志者只感千难万难。

1059. 让别人来称赞比自己称赞好。

1060. 明者远见于未萌，而智者避免于无形；祸因多藏于急微，而发于人之所忽。

1061. 遇事做最坏的打算的人，是具有最高智慧的人。

1062. 智慧的标志是审时度势之后再择机行事。

1063. 智慧有三果：一是思考周到，二是语言得当，三是行为公正。

1064. 什么钥匙开什么锁。

1065. 熟能生巧，巧能生妙。

1066. 追逐双兔两落空。

1067. 运气通常照顾深思熟虑者。

1068. 只有愚者才等待机会，而智者则造就机会。

1069. 入境而问禁，入国而问俗，入门而问讳。

1070. 被克服的困难就是胜利的契机。

1071. 大有大的难处，小有小的难处。

1072. 擒龙要下海，打虎要上山。

1073. 怕走崎岖路，莫想登高峰。

1074. 你不怕困难，困难就怕你。

1075. 壮志和毅力是事业的双翼。

1076. 一个成功的决策，等于90%的信息加上10%的直觉。

1077. 本来无望的事，大胆尝试，往往能成功。

1078. 错一遍，精一遍。

1079. 用时不爱惜，就要损失；做时不慎重，就要失败。

1080. 小心无大错。

1081. 少命令，多商量。

1082. 胆大心细有作为。

1083. 囫囵吞枣，食而不知其味；一目十行，虽看不知精神。

1084. 麻绳爱从细处断，漏洞多自粗心来。

1085. 小事细心，大事当真。

1086. 意粗性躁，一事无成。

1087. 只有大意吃亏，没有小心上当。

1088. 差错发生在细节，成功取决于系统。

1089. 成功是细节之子。

1090. 小事成就大事，细节成就完美。

10.91. 视困难为考验，把挑战当机遇。

10.92. 要想面貌大变样，对照差距学榜样。

10.93. 要重视原则性，也要重视灵活性。

10.94. 只要思想不滑坡，方法总比困难多。

10.95. 切莫在情绪低落时作重要的决定。

10.96. 用微笑去面对嘲笑。

10.97. 该低头时且低头，别拿鸡蛋去碰石头。

10.98. 果断决策是摆脱纠结的良方。

10.99. 遇到危险，沉着应对可化险为夷；面对意外，冷静处理能够转危为安。

1100. 少从外在方面找借口，多从自身方面找出路；注重从变化的形势中捕捉难得发展机遇，善于从逆境中发现和培育有利因素。

1101. 文以简为精，话以简为当，事以简为上。

1102. 急躁办不好事，浮躁办不成事，暴躁办不了事。

1103. 信息不能代替事实，信心不能代替实干，信任不能代替监督。

1104. 功者难成而易败，时者难得而易失，势者难兴而易衰。

1105. 尊重自然不违背规律，顺应自然不头脑发热，保护自然不破坏生态。

1106. 放手不放纵，统揽不包揽，主见不主观。

1107. 把真理的力量用活，把人格的力量用足，把权力的力量用好。

1108. 缓事宜急干，敏则有功；急事宜缓办，忙则多错。

1109. 亡羊补牢，未为迟也。

1110. 处难处之事愈宜宽，处难处之人愈宜厚。

1111. 赏善而不罚恶则乱，罚恶而不赏善亦乱。

1112. 赏不遗疏远，罚不阿亲贵，以公平为规矩，以仁义为准绳。

1113. 赏不当功，则不如无赏；罚不当罪，则不如无罚。

1114. 因喜用赏，赏不必当；用怒用罚，罚不必当。

1115. 发号施令，在乎必行；赏德罚罪，在乎不滥。

1116. 善用威者不轻怒，善用恩者不妄施。

1117. 积力之所举，即无不胜也；众智之所为，即无不成也。

1118. 天下凡百事，独力难成，众擎易举。

1119. 欲速则不达，见小利则大事不成。

1120. 知其难者始易，视为易者必难。

1121. 处逆境心须用开拓法，处顺境心要用收敛法。

1122. 君子和而不同，小人同而不和。

1123. 不迁怒，不贰过。

1124. 水浊无掉尾之鱼，土确无葳蕤之木，政烦无逸乐之民。

1125. 多言不可与远谋，多动不可与久处。

1126. 立志在坚不在锐，成功在久不在速。

1127. 愚者暗于成事，智者见于未萌。

1128. 敬一人，则千万人悦；慢一人，则千万人怨。

1129. 成事需要胆略，用权则需谨慎；"畏则不敢肆而德以成，无畏则从其所欲而及于祸"。

1130. 想干事是态度，干成事是能力，善共事是胸怀，不误事是本分，不坏事是操守，不怕事是担当，不出事是底线。

1131. 没有足够的器量，便没有做大事的规模。

1132. 致命的失败，决定于微弱的劣势。

1133. 独立独行难用世。

1134. 要把原则性和灵活性有机结合起来，既不能用原则性来束缚灵活性，又不能用灵活性来破坏原则性。

1135. 时来天地皆同力，运去英雄不自由。

1136. 领导活动中权变的是方法和策略，不变的是价值和方向。

1137. 摆正位，说对话，做成事。

1138. 不以事小而不为，不以事杂而乱为，不以事急而盲为，不以事难而怕为。

1139. 荣誉的桂冠是用责任和荆棘纺织而成的。

1140. 时来易失,赴机在速。

1141. 心量有多大成就就有多大。

1142. 成大事者,不恤小耻;立大功者,不拘小谅。

1143. 合军聚众,务在激气。

1144. 沉住气才是一等一的高手。

1145. 机勇者临危不惧、临难不惊、冷静沉着、镇定自如。

1146. 避免失败的最稳当办法,就是下决心获得成功。

1147. 不要急于水落石出,而重于稳操胜券。

1148. 急着争面子,干不了大事情。

1149. 在急处冷静,在忍中谋事;在小处忍让,在大处求胜。

1150. 方为做人之本,是以不变应万变;圆为处世之道,是以万变应不变。

1151. 站在矛盾之上处理矛盾,矛盾变得很小很简单;置身矛盾之中处理矛盾，矛盾变得很复杂。

1152. 沟通是求得思想上的统一，协调是求得行动上的统一。

1153. 不同场合要讲究说话的分寸：急事，慢慢地说；大事，清楚地说；小事，幽默地说；没有把握的事，谨慎地说；没有发生的事，不要胡说；做不到的事，别乱说；自己的事，听听自己的心再说；别人的事，小心说；开心的事，看场合说；伤心的事，不要见人就说；现在的事，做好再说；伤害人的事，不能说；讨厌的事，对事不对人地说。

1154. 面对大势，可顺不可逆；面对机遇，可用不可废。

1155. 言语之恶，莫大于造诬。

1156. 治大者，不可以烦，烦则乱；治小者，不可以急，急则废。

1157. 治政者，不可以骄，骄则败；治事者，不可以惰，惰则慢。

第七辑 方法篇

1158. 没有考评就难以鉴别，没有鉴别就难以取舍。

1159. 低调内敛但不能委屈自尊而迁就他人；敬重强势者但不可摧眉折腰而谄谀奉承；服从领导但不能毫无原则而丧失底线。

1160. 想干事是境界，能干事是水平，干成事是能力，不出事是底线。

1161. 成功是成功之母，有了小成功，才有中成功；有了中成功，才有大成功。

1162. 应用最大精力做最重要的事情，真正抓住牵一发而动全身的关键问题，把工作忙到点子上。

1163. 存者非存，在于虑亡；乐者非乐，在于虑殃。

1164. 思难而难不至，忘患而患发生。

1165. 处广以思狭，则广可长广；居治而忘危，则治无长治。

1166. 协同是推动工作的"润滑剂"。

1167. 参天之本，必有其根；怀山之水，必有其源。

1168. 世异则事异，事异则备变。

1169. 当断不断，反受其乱。

1170. 天与不取，反受其咎；时至不迎，反受其殃。

1171. 先发制人，后发制于人。

1172. 快刀斩乱麻。

1173. 机不可失，时不再来。

1174. 宜未雨而绸缪，毋临渴而掘井。

1175. 偏听生奸，独任成乱。

1176. 开敢谏之路，纳逆己之言。

1177. 智者取其谋，愚者取其力，勇者取其威，怯者取其慎，无智勇怯，兼而用之。

1178. 誉人不增其美，毁人不益其恶。

1179. 宽容用来调节严厉，严厉用来调节宽容，政事因此而和谐。

1180. 表扬批评不可以远离事实，奖赏惩罚不可以失之公正。

1181. 要避免批评上级放"礼炮"，批评同级放"哑炮",批评下级放"空炮"。

1182. 厚道,是聚集人脉的"吸铁石",是获得机会的"资格证"。

1183. 有所失才会有所得,有所弃才能有所取。

1184. 管理就是管出道理,道理就是规则规范。

1185. 敢于道歉,才不会错过问题修正的机会。

1186. 沉着冷静,心急解决不了问题。

1187. 没有精彩的细节,就没有壮观的整体。

1188. 工作宜赶不宜急。

1189. 有时速度比完美更重要。

1190. 灯不拨不明,话不讲不透。

1191. 喋喋不休让人生厌。

1192. 不漏小事,方能抓住大事。

1193. 小事成就大事,细节成就完美。

1194. 给人一个台阶"下",自己会得到一个台阶"上"。

1195. 惟宽可以容人,惟厚可以载物。

1196. 律己宜带秋风，处事宜带春风。

1197. 三思而后言，三思而后定，三思而后行。

1198. 假话骗人，套话误人。

1199. 交浅言勿深，利微情勿淡。

1200. 说谎的人最累，诚实的人最轻松。

1201. 兴衰在一念，成败在一言。

1202. 知耻雪耻，前途无比；知错犯错，必招灾祸。

1203. 错误并不可怕，可怕的是死不认错和一错再错。

1204. 经验可用，但不是任何时候都可用。

1205. 不能忍辱负重的人永远做不成大事。

1206. 冷静是恩师，冲动是魔鬼。

1207. 死要面子结果一定是没面子。

1208. 无容人雅量，难成就辉煌。

1209. 急处站稳，高处看清，险处留神。

1210. 小胜靠智，大成靠德，德品为基，成功之源。

1211. 居上不逞，居下不馁，待上以敬，待下以宽。

1212. 仁者不忧，智者不惑，善者不恶，勇者不惧。

1213. 智者创机遇，强者握机遇；弱者等机遇，愚者失机遇。

1214. 话多不如话少，话少不如话好；静坐常思己过，闲谈莫论人非。

1215. 具有怎样态度，就有怎样未来；具有怎样性格，就有怎样人生。

1216. 成功必有方法，失败必有原因；成功始于目标，失败败于放弃。

1217. 该低头时就低头，该挺胸时就挺胸；该出手时就出手，该亮剑时就亮剑。

1218. 遇事不急下结论，不同角度案不同；学会换位深思考，万事皆通万事顺。

1219. 远见比资产重要，能力比知识重要；健康比金钱重要，生命比智慧重要。

1220. 心装理解多矛盾则少，心装宽容多计较便少。

1221. 成功是优点之发挥，失败是缺点之累积。

1222. 勤能补拙，拙能促奋；奋能催志，志能壮胆。

1223. 机会太多没机会，主张太多没主张；朋友太多没朋友，最好状态是正常。

1224. 完美之成功来自充分之准备，充分之准备来自深思之熟虑。

1225. 懈怠畏缩，一切都不可能；奋发图强，一切都有可能。

1226. 忍一时之气，免百日之忧。

1227. 选择比努力更重要。

1228. 看淡结果，会更容易成功。

1229. 方向永远比速度重要。

1230. 平庸的人关心怎样耗费时间，有才能的人竭力利用时间。

1231. 随机应变是才智的试金石。

1232. 抓大则百事兴，抓小则百事荒；纲举才目张。

1233. 薄弱环节，是失败缝隙。

1234. 言多变则不信，令频改则难从。

1235. 测浅者不可以图深,见小者不可以虑大。

1236. 细节在于观察,成功在于积累。

1237. 居上位而不骄,在下位而不忧。

1238. 因众者可以显立功,忘己者可以广得贤。

1239. 敬于言则不妄,敬于事则有成。

1240. 前事不忘,后事之师;前车之覆,后车之鉴。

1241. 心思要缜密,不可琐屑;操守要严明,不可激烈。

1242. 做事刚开始,要稳重;过程中,要耐心;收获时,要沉着。

1243. 大怒时容易做错事,与其事后后悔,不如事前自制。

1244. 人生难得同共事,默契配合是境界。

1245. 计疑无定事,事疑无成功。

1246. 审时度势,虑定而动,天下无不可为之事。

1247. 智谋出于急难,巧计出于临危。

1248. 成功的秘诀，在于随时随地把握时机。

1249. 先忧事者后乐，先傲事者后忧。

1250. 先事虑事谓之捷，捷则事优成；先患虑患谓之预，预则祸不生。

1251. 先谋后事者逸，先事后图者失。

1252. 处事贵熟思缓处，熟思则得其情，缓处则得其当。

1253. 将治大者不治细，成大功者不成小。

1254. 量力而行则不竭，量智而谋则不困。

1255. 利可共而不可独，谋可寡而不可众。

1256. 智者顺时而谋，愚者逆理而动。

1257. 过柔则弱，过刚则折，过严则怒，过宽则肆。

1258. 矫枉过正，古今同之。

1259. 爬得高，摔得重。

1260. 逆水行舟，一篙不可放缓；滴水穿石，一滴不可弃滞。

1261. 决胜千里之外，离不开运筹帷幄；实现宏伟目标，重点在战略谋划。

1262. 定谋贵决，机事贵密。

1263. 忍耐即是成功之路，忍耐才能反败为胜。

1264. 小事不糊涂之谓能，大事不糊涂之谓才。

1265. 耳宜聪，话宜慢，怒宜缓。

1266. 谨慎的沉默是处世之道的至圣名言。

1267. 天才和毅力分不开，成功与坚韧分不开。

1268. 成功的秘密在于对目标的执着追求。

1269. 勤奋克服困难，懒惰制造困难。

1270. 成功属于勇敢和行动的人，不属于顾虑后果的怯懦者。

1271. 陷入不如意的境地时，万不可忘记要忍耐和勇气。

1272. 太胆小是懦弱，太胆大是鲁莽，勇敢是适得其中。

1273. 考虑要谨慎，行动则要有决心；让步要宽厚，反对则要坚定。

1274. 思考宜缓慢，行动要果断。

1275. 凡是做过的事情，已是木已成舟；

凡是过去的事情，永远不会回头。

1276. 过于自信像过度忧虑一样有害。

1277. 种子放在水泥地板上会被晒死，种子放在水里会被淹死，种子放到肥沃的土壤里生根发芽结果；选择决定命运，环境造就人生。

1278. 给人金钱是下策，给人能力是中策，给人观念是上策。

1279. 要用行动控制情绪，不要让情绪控制行动；要让心灵启迪智慧，不能让耳朵支配心灵。

1280. 从肯定开始，必将以问题告终；如果从问题开始，必将以肯定结束。

1281. 遇事虚怀观一是，与人和气察群言。

1282. 工作就是面对矛盾和解决矛盾的过程。

1283. 辩证思考是正确认识事物的方法。

1284. 谨慎是成功的第一要素。

1285. 当局者迷，旁观者清。

1286. 不应为而为则败，应为而不为则殆。

1287. 事业常成于坚韧，毁于急躁。

1288. 失败时，不垂头丧气；得意时，不快乐忘形，临阵时才能勇往直前。

1289. 明智地克制自己就是有力量的表现。

1290. 逆境中要切记头脑冷静。

1291. 成功的大小取决于信念的大小。

1292. 思危所以求安，虑退所以能进。

1293. 无事莫教心空，有事莫教心乱。

1294. 无事作有事时警惕，有事如无事时镇定。

1295. 怕狗被狗欺，怕鬼着鬼迷。

1296. 记人之功，忘人之过。

1297. 不敬他人，是自不敬也。

1298. 举事可以移风俗，而教导可以施于百姓。

1299. 凡教化之不立，而万民不正也。

1300. 为上能自爱，群属必畏钳。

1301. 善为政者，看人设教。

1302. 去就有序，变化因时。

1303. 喜以赏，怒以杀，怨乃起，令乃废。

1304. 不因喜而加赏，不因怒而加罚。

1305. 用赏贵信，用刑贵正。

1306. 信赏以劝能，刑罚以惩恶。

1307. 举一纲而万目张，解一卷而众篇明。

1308. 事不三思，终有悔。

1309. 偏听生奸，独任成乱。

1310. 营大者不计小名，图远者弗拘近利。

1311. 愚者惑于小利而忘其大害。

1312. 策大功者，不为其速；图实利者，不居其名。

1313. 不固在豫慎，见祸在未形。

1314. 明者销祸于未萌。

1315. 水行莫如用舟，而陆行莫如用车。

1316. 多算胜，少算不胜。

1317. 前虑不定，后有大患。

1318. 思虑熟，则得事理。

1319. 速成则疾亡，晚就则善终。

1320. 遇事宁缓详勿急遽，宁忍耐无发泄，万事俱从忙里错。

1321. 静能制动，沉能制浮，宽能制褊，缓能制急。

1322. 有备则制人，无备则制于人。

1323. 审而后发，犹未为晚。

1324. 以科学咨询支持科学决策，以科学决策引领科学发展。

1325. 无事常如有事提防，才可以弥意外之变；有事常如无事时镇定，方可以消除局中之危。

1326. 众心成城，众口铄金。

1327. 天道酬勤，地道酬善，人道酬诚，商道酬信，业道酬精。

1328. 胸怀要大度，说话要适度，读书要有厚度，视野要有宽度，理论要有深度，工作要有力度，事业要有高度，寿命要有长度。

1329. 让从容成为应对危机的"稳压器"。

1330. 上不失天时，下不失地利。

1331. 运筹帷幄之中，决胜千里之外。

1332. 急事缓不得，缓事急不得。

1333. 知己知彼，百战不殆。

1334. 时移而治不易者乱。

1335. 沉住气,成大器;犯急躁,成败局。

1336. 做工作、办事情都必须要有好的心态,才能不急不躁、稳稳当当。

1337. 批评应对事不对人,且注意点住穴位。

1338. 表扬需多用及时式表扬、发现式表扬、背后式赞扬。

1339. 领导力有多大成就就有多大。

1340. 做任何一件工作,都要比一般人想得周密,做到有条理。

1341. 能从全局看问题,从小处着手,一步一个脚印地解决问题。

1342. 用正确手段,指导大家的工作方法;以人性为本,激励大家的工作热情。

1343. 通过自己努力工作树立榜样,为下属树立高标准的学习榜样。

1344. 指责或批评别人的时候,不能把个人因素掺和进去。

1345. 说话必须一诺千金,说到做到。

1346. 做明白人,学会全方位看问题;懂得该做什么、不该做什么。

1347. 遇事当机立断。

1348. 决策后坚持到底。

1349. 集中注意力听别人的讲话。

1350. 言谈举止要通情达理。

1351. 善于发现别人的优点,称赞别人的长处。

1352. 当自己做错时能很真诚地承认自己的过错。

1353. 敢于尝试一些自己从未尝试过的新事物。

1354. 对琐碎繁杂的事务有耐心。

1355. 不为一件小事大发雷霆。

1356. 对很多事情不心存疑虑。

1357. 不参与暴力和阴谋。

1358. 牢骚可以有,但别随便发。

1359. 口无遮拦难成大事。

1360. 话不说满,别自己把路封死。

1361. 说话讲究分寸,开口分清场合。

1362. 在交际中说好该说的"场面话"。

1363. 借势发挥，使自己更强大。

1364. 巧于"借力"，是成功的一大诀窍。

1365. 进取心是永不停息的自我推动力。

1366. 蒙混过不了关，没有不透风的墙。

1367. 虚情假意，只会看到无果之花。

1368. 许诺如负债，到时必须还。

1369. 别人前人后太过圆滑，逢迎拍马受人鄙视。

1370. 圆通是大智慧，圆滑是小聪明。

1371. 别城府过深精于心计，多点成熟少点世故。

1372. 用出世的心态，做入世的事情。

1373. 知世故而不世故，才是真成熟。

1374. 妄求完美，往往得不偿失。

1375. 勇于舍弃则精明，善于舍弃是高明。

1376. 别揭人伤疤戳人痛处，嘲讽他人曝短自己。

1377. 适可而止，玩笑不能伤人自尊。

1378. 别见风使舵没有立场，墙头草最先被拔掉。

1379. 做人要不失本色,不可盲目迎合。

1380. 别自作聪明想走捷径,聪明反被聪明误。

1381. 做人要精明,但不能耍小聪明。

1382. 即使揣着明白,有时也要装糊涂。

1383. 大事不能糊涂,小事别总聪明。

1384. 聪明外露,容易弄巧成拙。

1385. 占理也要气和,得理更要饶人。

1386. 主动示好,化干戈为玉帛。

1387. 将内心用爱填满,仇恨就会被赶出。

1388. 硬权力管人,软实力服人。

1389. 心胸宽广才有凝聚力。

1390. 喜怒不要太过外露。

1391. 全面掌握信息才能做出正确的决策。

1392. 面临太多选择时请相信直觉。

1393. 制度是危机管理的关键。

1394. 人际关系是潜在的黄金。

1395. 处理事情应有充分的准备,并掌握时效。

1396. 具有幽默并知如何适时运用,懂得适度自嘲。

1397. 不因自己的过失而责怪他人。

1398. 重视自己的每一次讲话。

1399. 对失败不要过多忧虑。

1400. 失败往往不是因为缺少解决问题的智慧，而是因为缺少直面问题的勇气。

1401. 一个人暮气沉沉，是个人问题；一群人暮气沉沉，则是环境问题。

1402. 事到万难须放胆，宜于两可莫粗心。

1403. 言语知节，则愆尤少。

1404. 喜时说尽知心，到失欢须防发泄；恼时说尽伤心，恐再好自觉羞惭。

1405. 对痴人莫说梦话，防所误也；见短人莫说矮话，避所忌也。

1406. 面谀之词，有识者未必悦心；背后之议，受憾者常若刻骨。

1407. 是非窝里，人用口，我用耳。

1408. 博采众议而有取裁。

1409. 当你没有借口的那一刻，就是你成功的开始。

1410. 从容安详,为处事第一法。

1411. 希望的种子,只有撒在奋斗的土地上时才可发芽。

1412. 共振才能共鸣,共鸣才能共谋。

1413. 奋斗方能赢得机遇。

1414. 胆大者容易妄为。

1415. 能够把自己压得低的,才是真正的尊贵。

1416. 钱财给人的负担很沉重,放下就轻松。

1417. 名利给人的烦恼很痛苦,看破就宁静。

1418. 贪欲给人的折磨很刻毒,断除就幸福。

1419. 邪行给人的污秽很严重,矫正就舒畅。

1420. 傲慢给人的积怨很深厚,谦虚就化解。

1421. 如果你把别人看成天使,你就生活在天堂里。

1422. 记住该记住的,忘掉该忘掉的;改变能改变的,接受无法改变的。

1423 当红的时候享受成功,不红的时候享受生活。

1424. 少说话更有威严,不揽权会更有权,无亲疏会更密切，勤交心会更同心。

1425. 不敢生气是懦夫，不去生气的才是智者。

1426. 真坏人并不可怕，可怕的是假好人。

1427. 治事必须通观全局，不可执一而论。

1428. 大事难事看担当，逆境顺境看胸襟，有舍有得看智慧，是成是败看坚持。

1429. 凡事顺其自然，遇之泰然，得之淡然，失之坦然。

1430. 任何难题都可以让时间去解决。

1431. 表扬一个人最好用公文，批评一个人最好用电话。

1432. 偶然的成功比失败更可怕。

1433. 气势如虹，心细如发；行动如风，静思如钟。

1434. 重大决策"从贤不从众"。

1435. 信任是最大的激励。

1436. 关心是最有效的管理。

1437. 正确的决定源于过往的经验，过往的经验中少不了错误的决定。

第七辑　方法篇

1438. 直面问题与逃离问题相比，会更少地暴露出自己脆弱的那部分。

1439. 平静的大海练不出熟练的水手。

1440. 盲目忙碌等于碌碌无为。

1441. 不分主次，只有苦劳没功劳。

1442. 提升自身能力，在学习知识上勤做加法；激发实干动力，在形式主义上善做减法；凝聚强大合力，在推动工作上巧做乘法；克服工作阻力，在破解难题上敢做除法。

1443. 成就伟业，就必须让每个人坚信和献身于组织的共同愿景。

1444. 激励他人的方法之一是感召他人。

1445. 超凡魅力的本质就是精力充沛和清晰表达。

1446. 挑战是成就卓越的机会。

1447. 任何进展都不会一蹴而就，而是循序渐进的。

1448. 如果不能忍受极端困苦，就不能获得巨大的成功。

1449. 是理念而非技能，在人们决定如何应对挑战时起了决定性的作用。

1450. 信任是协作团队的命脉。

1451. 人们更需要获得物质和金钱之外的赞赏和奖励。

1452. 多花一点时间对人们努力工作和贡献表示认可是非常值得的。

1453. 短板决定生命的容量。

1454. 不能因喜而轻诺。

1455. 欣赏他人，才能成就自己。

1456. 成熟的心智是磨炼出来的。

1457. 理由是弱者的借口。

1458. 纠结得失是对生命的浪费。

1459. 心态决定你是骑师还是坐骑。

1460. 安于当下，才能笃定未来。

1461. 量力而行才能自在。

1462. 千难万难，有了志向不难；千易万易，没有决心不易。

1463. 明者防祸于未萌，智者图患于将来。

1464. 忍不是弱者，让不是输家。

1465. 接受不可避免的事实。

1466. 让过去的成为过去。

1467. 积极行动是成功的基础。

1468. 困境中更要坚持不懈。

1469. 学会在不利中寻找优势。

1470. 时刻准备迎接挑战。

1471. 会休息才能保持清醒。

1472. 大海不择细流,故能成其汪洋;泰山不择尘土,故能成其巍峨。

1473. 态度决定一切,良好的态度是成功的一半。

1474. 谦恭诚善,恒必有果。

1475. 有胆有识就有路。

1476. 管理效率出自于简单。

1477. 深思熟虑以致远。

1478. 以恨对恨,恨永远存在;以爱对恨,恨自然消失。

1479. 小事成就大事,细节成就完美。

1480. 言不在多,达意则灵。

1481. 要语不烦,字字珠玑,简练有力,能使人不减兴味；冗词赘语，絮语唠叨，不得要领，必令人生厌。

1482. 犯其至难方能图其至远。

1483. 逢辱而不惊，遇屈而不死。

1484. 恩威并重，恩不足则施恩，威不足则加威。

1485. 有势借势，无势造势。

1486. 大柔非柔，至刚无刚。

1487. 圆则圆润通达，方则方正有则。

1488. 事成于和睦，力生于团结。

1489. 被人低看不沮丧，被人高看不自负。

1490. 成功时看得起别人，失败时看得起自己。

1491. 将姿态放低，赢得他人敬重。

1492. 不变的是原则，万变是方法。

1493. 成功随着目标。

1494. 没有专注的精神，就不会有成功的可能。

1495. 没有昨日的一份坚持，就没有今天的成功。

1496. 希望，造就积极心态。

1497. 一诺千金，不要随意许诺。

1498. 一扇门关闭，总有一扇窗开启。

1499. 当机遇来临时，千万不要因为胆怯而放弃。

1500. 说服他人要讲策略，将心比心最能赢得对方的心。

1501. 蛇打在七寸，话要说在点子上。

1502. 到什么山上，唱什么歌。

1503. 坐在办公室想想都是困难，到基层看看全是办法。

1504. 幽默是双方都赢了，讽刺则有一方输了。

1505. 幽默来自智慧，恶语来自无能。

1506. 合理安排时间，就等于节约时间。

1507. 自信是走向成功之路的第一步，缺乏自信是失败的主要原因。

1508. 管理讲究精准，精准源于全面。

1509. 笑脸是最厉害的武器。

1510. 肯定——批评——鼓励是批评的最

佳模式。

1511. 热忱是力量的源泉。

1512. 关键时刻要相信自己的潜力。

1513. 看到自己每天的进步。

1514. 工作千条线，安全穿针眼。

1515. 镇定是渡过难关的最好态度。

1516. 有成功的愿望才有成功的动力。

1517. 局部的挫折与失败并不影响更大的成功。

1518. 严谨的态度是在社会上立足必备的素质。

1519. 生气是在拿别人的错误来惩罚自己。

1520. 用放心的人去抓不放心的事。

1521. 人的耐心有多大，成功的几率就有多大。

1522. 轻诺寡信者，必招致怨恨。

1523. 遇事缓一缓，说话停一停，很多东西便会清晰。

1524. 发射自己的光，但不要吹熄别人的灯。

1525. 简单的事不争吵，复杂的事不烦恼，发火时不讲话，生气时不决策。

1526. 宁可保持沉默像傻子，也不要一开口就证明自己是傻瓜。

1527. 沉默是反击无耻的无声风暴，愤怒是抗击外辱的有效"自残"。

1528. 注重科学理论武装人，注重形势任务鼓舞人，注重远景目标激励人，注重科学方法指导人，注重规章制度管理人，注重沟通交流凝聚人，注重丰富活动启迪人，注重优良环境熏陶人，注重典型示范引导人，注重利益机制驱动人。激情是事业成功的助推器。

1529. 决策如射，射在专一。

1530. 事前谨慎研究，实施勇往直前。

1531. 神不至，则事不举。

1532. 激情是吹动船帆的风，没有风帆船就不能行驶；激情是成功的动力，没有动力工作和事业就难有起色；激情是创新的源泉，没有激情就没有创新的灵感和冲动。

1533. 自嘲可以化解矛盾。

1534. 该变革时，要及时变革；不该变革时，不能盲目进行变革。

1535. 智者弃短取长，以致其功。

1536. 欲思其利，必虑其害；欲思其成，必虑其败。

1537. 事前加慎，事后不悔。

1538. 绳锯木断，水滴石穿。

1539. 事勿忙，忙多错；勿畏难，勿轻略。

1540. 成远算者不恤近怨，任大事者不顾细谨。

1541. 千淘万漉虽辛苦，吹尽狂沙始到金。

1542. 与同事相处应当：礼而不扰、让而不争、顺而不卑、中而不偏、和而不同、忍而不发、诚而不欺、谨而不拘、达而不妒。

1543. 明智的放弃，要胜过盲目的执著。

1544. 成功源于修炼，梦想源于把握。

1545. 有圆无方则不立，有方无圆则滞泥，可方可圆无往不利。

1546. 大事讲原则，小事讲风格。

1547. 多谋才能善断，少谋则易于武断。

1548. 人多计谋广，柴多火焰高。

1549. 不怕巨浪高，只怕桨不齐。

1550. 放下身段，不言自高。

1551. 榜样是最好的说服，示范是最好的引领。

1552. 圣人常顺时而动，智者必因机而发。

1553. 小处不妨糊涂，大处必须清醒。

1554. 世上无难事，只要肯攀登。

1555. 体魄和智慧向来都是竞争的利剑。

1556. 劝将不如激将，激将不如逼将。

1557. 未雨绸缪，才能高枕无忧。

1558. 保持谦逊才能邂逅成功。

1559. 善于沟通，事半功倍。

1560. 智慧产生胆识，胆识产生决断。

1561. 生命的意义在于过程，成功的秘诀在于细节。

1562. 恒心架起通天路，勇气打开智慧门。

1563. 对错误的沉默是怯懦，对成绩的沉默是理智。

1564. 求其上，得其中；求其中，得其下。

1565. 意外一旦发生，冷静是避免混乱的唯一办法。

1566. 只是一味埋怨环境和条件的人，永远创造不出有利的环境和条件。

1567. 没有预测活动，就没有决策的自由。

1568. 政治就是相互妥协的艺术。

第八辑　廉洁篇

1569. 公生明,廉生威。

1570. 直而温,简而廉。

1571. "金钱友谊"靠不住,江湖义气害死人。

1572. 扬善于公庭,规过于私室。

1573. 不为金钱所惑,不为美色所迷,不为权力所驱。

1574. 廉乃正本,贪为堕源。

1575. 食能止饥,饮能止渴,畏能止祸,足能止贪。

1576. 纪律退一分,腐败进一尺。

1577. 反腐败不仅是要守住法律的底线,更是要维护党纪的严肃性,让党员干部敬畏纪律。

1578. 清清白白,钟馗不来。

1579. 见利不亏其义,见死不更其守。

1580. 名节重泰山,利欲轻鸿毛。

1581. 当干部就必须习惯于在群众监督、舆论监督、社会监督下工作和生活。

1582. 勤能补拙,俭以养廉。

1583. 领导工作也是"高危职业";危而能守、诱而不动,方显本色。

1584. 苍蝇不叮无缝的蛋。

1585. 干干净净做人,就是要洁身自好、清白自守;干干净净做事,就是干事的动机要纯、作风要正;干干净净用权,就是要秉公用权、依法用权。

1586. 民生在勤,勤则不匮;性习于俭,俭以养廉。

1587. 物质潮流面前,守住底线才不会心为物役,汲汲于名利势必迷失方向;正风反腐新常态下,心怀公义自会砥砺有为,囿于小我难免为官不为;面对棘手的改革难题,有私心者总是忧谗畏讥、裹足不前,有担当者才会闯关夺隘、一往无前。

1588. 作风正则干部廉,干部廉则事业兴。

1589. 党风优良,就能赢得人民群众的爱戴和拥护,党的事业就会不断前进繁荣;党风不正,人民群众就会与党离心离德，党的事业就会受挫、甚至倒退。

1590. 风浊则气邪，气邪则事废。

1591. 富贵如霜刃，切勿贪恋过炽。

1592. 不义之财不可取。

1593. 世路无如贪欲险，几人到此误平生。

1594. 当官发财两条道，当官就不要发财、发财就不要当官。

1595. 心如千仞壁，诱惑奈我何。

1596. 但教方寸无诸恶，虎狼丛林也立身。

1597. 金钱就像水一样，缺水，渴死；贪多，淹死。

1598. 亲情不是权力的对立面，但权力却是一把双刃剑；敬畏权力，慎用权力，别让权力成为亲情之殇。

1599. 滥用职权无好果，多行不义必自毙。

1600. 心中有戒才能权有所慎。

1601. 认识权力要有戒备，运用权力要有戒尺，滥用权力要有惩戒。

1602. 以刮骨疗毒的决心和勇气除恶务尽，

彻底割除党内的腐败毒瘤，才能形成和巩固风清气正的政治生态。

1603. 位不在高，廉洁则名；权不在大，为公则威。

1604. 贪似火，无制则燎原；欲如水，不遏必滔天。

1605. 手莫伸，伸手必被捉。

1606. 有权必有责，用权受监督，失职要问责，违法要追究。

1607. 不为私心所扰，不为人情所困，不为关系所累，不为利益所惑。

1608. 让腐败者在政治上身败名裂，让腐败者在经济上倾家荡产。

1609. 让人失去理智的，是外界的诱惑；最终耗尽一个人心力的，往往是自己的欲望。

1610. 金钱是个好仆人，但绝对是个坏主人。

1611. 为官处事，戒之在心，戒之在初，不可不察。

1612. 心有所畏，方有所戒，行有所止。

1613. 凡善怕者，必身有所正，言有所规，行有所止，偶有逾矩，亦不出大格。

1614. 心中有戒，则不越轨；心中无戒，则必逾矩。

1615. 祸莫于不知足，咎莫大于欲得。

1616. 腐化落后的政治环境是一切腐化落后思想的温床。

1617. 百里才疏勤补拙，一官俸薄俭能廉。

1618. 财能使人贪，色能使人嗜，名能使人矜，势能使人倚。

1619. 吏不畏吾严而畏吾廉，民不服吾能而服吾公；公则民不敢慢，廉则吏不敢欺。

1620. 心能辨是非，往事方能决断；不忘廉耻，立身自不卑污。

1621. 智者不为非其事，廉者不为非其有。

1622. 粉身碎骨浑不怕，留得清白在人间。

1623. 不可为了荣华和虚名给自己招来危险。

1624. 为政行权真事业，禁贪节欲大丈夫。

1625. 欲不正，以治身则夭，以治国则亡。

第八辑　廉洁篇

1626. 知足则乐，务贪必忧。

1627. 两袖清风，一身正气。

1628. 人情归人情，公道归公道。

1629. 人熟理不熟。

1630. 人正不怕影斜，脚正不怕鞋歪。

1631. 若要不怕人，不做怕人事。

1632. 贪财是万恶之根。

1633. 当金钱开始说话，事实就闭上嘴。

1634. 金钱是无底的大海，可以淹死人格、良心和真理。

1635. 君子爱财，取之有道。

1636. 战战兢兢，如临深渊，如履薄冰。

1637. 妻贤夫祸少。

1638. 贪婪是最真实的贫穷，满足是最真实的财富。

1639. 顶不住眼前的诱惑，就会失掉未来的快乐。

1640. 严教严管，成人成事；失教失管，误人误事；不教不管，必出大事。

1641. 廉则年如一日，好过；贪则日似一年，难熬。

1642. 高压线碰不得，地雷阵趟不得，身外财贪不得。

1643. 贪如火，不遏则燎原；欲如水，不遏则滔天；私如风，不遏则狂飙。

1644. 反腐倡廉必须常抓不懈，拒腐防变必须警钟长鸣，清正廉洁必须一以贯之。

1645. 心不动于微利之诱，目不眩于五色之惑。

1646. 清白抵万金，自律胜承诺，群众赛秤砣。

1647. 人情猛于虎，专吃贪财人。

1648. 针尖大的窟窿斗大的风。

1649. 礼仪治人之大法，廉耻立人之大节。

1650. 由俭入奢易，由奢入俭难。

1651. 荣辱两境界，贪廉一念间。

1652. 金钱是身外之物，生不带来死不带去；生命的意义不在于拥有多少金钱、财富等身外之物，而在于能为

第八辑　廉洁篇

国家为社会贡献自己的力量。

1653. 干部队伍清正廉洁，则民心汇聚、百姓拥护；贪污腐化，必将众叛亲离、被人民抛弃。

1654. 求名心切必作伪，求利心重必趋邪。

1655. 礼义廉耻，国之四维；四维不张，国乃灭亡。

1656. 吏不廉平，则治道衰。

1657. 清则正气充盈，廉则百毒不侵，洁则心境高雅。

1658. 忧劳可以兴国，逸豫可以亡身。

1659. 奢靡之始，危亡之渐。

1660. 俭则约，约则百善俱兴；侈则肆，肆则百恶俱纵。

1661. 贪欲要约束，虚荣要打磨，行为要检点。

1662. 常思贪欲之害，常念不廉之果，常记失足之恨，常怀律己之心，常有荣辱之感，常修为人之德。

1663. 少则得，多则惑。

1664. 求名心切必作伪，求利心重必趋邪。

1665. 贪念是陷阱，虚荣是浮沉。

1666. 只有干部清正、政府清廉、政治清明，才能国家富强、民族振兴、人民幸福。

1667. 不反腐败国无宁日，真反腐败才能国泰民安。

1668. 国计已推肝胆许，家财不为子孙谋。

1669. 诚欲正朝廷以正百官，当以激浊扬清为第一要义。

1670. 救奢必于俭约，拯薄无若敦厚。

1671. 奢者富不足，俭者贫有余。

1672. 俭则寡欲，侈则多欲。

1673. 以俭立名，以侈自败。

1674. 节俭朴素，人之美德；奢侈华丽，人之大恶。

1675. 贪欲者，众恶之本；寡欲者，从善之基。

1676. 惟勤可以补拙，惟俭可以养廉。

1677. 物必先腐也，而后虫生之；人必发疑也，而后谗入之。

1678. 心不廉则无所不取，心无防则无所不为。

1679. 权力，既有令人艳羡的光环，也蛰伏深层的危机；是非功过，荣辱贪廉，取舍就在一念间。

1680. 权者，称物平施，知轻重也。

1681. 权力既可使人一言九鼎，又能使人身败名裂。

1682. 质本洁来还洁去，强于污淖陷渠沟。

1683. 廉洁修身，乃齐家之始、治国之源、平天下之基。

1684. 清如明月，高洁似白云；胸怀真善美，两袖不染尘。

1685. 出污泥而不染，濯清涟而不妖。

1686. 廉洁方能聚人，律己方能服人，身正方能带人，无私方能感人。

1687. 筑起耐得住艰苦的心理防线，顶得住歪理的思想防线，挡得住诱惑的精神防线，管得住小节的律己防线。

1688. 清正在德，廉洁在志；身有正气，不言自威。

1689. 功名利禄心不动,酒绿灯红眼不迷,不义之财手不伸,邪风浊流冲不垮。

1690. 欲念一起深似海,心性稍纵溃如潮。

1691. 不作非分之想,不为非分之事。

1692. 制度是腐败的防火墙,监督是腐败的灭火器。

1693. 不以一毫私利自蔽,不以一毫私欲自累。

1694. 以平和之心对待"名",以淡泊之心对待"位",以知足之心对待"利",以敬畏之心对待"权",以精进之心对待"事"。

1695. 顶不住眼前的诱惑,便失掉未来的幸福。

1696. 受得住清贫,耐得住寂寞,经得起诱惑,守得住清白,管得住自己。

1697. 抗得住诱惑,耐得住寂寞,顶得住歪理,管得住小节。

1698. 不义之财不取,不法之物不拿,不净之地不去，不正之友不交。

1699. 一人不廉，全家不圆。

1700. 财要洁，事要义，行要仁，言要睦。

1701. 一身正气金不换，要留清白在人间。

1702. 不贪为宝。

1703. 激浊而扬清，废贪而立廉。

1704. 奉献为德，清廉为荣，谋私为耻，利己为羞。

1705. 廉者，政之本也，民之表也；贪者，政之祸也，民之贼也。

1706. 公款姓公，一分一厘都不能乱花；公权为民，一丝一毫都不能私用。

1707. 弊政之大，莫若贿赂行而征赋乱。

1708. 败莫败于多私。

1709. 惟俭可以助廉，惟恕可以成德。

1710. 俭以成廉，侈以成贪。

1711. 为政者以正为本，以廉为先。

1712. 罪莫大于可欲，祸莫大于不知足，咎莫大于欲得。

1713. 贪而弃义，必为祸阶。

1714. 为主贪，必丧其国；为臣贪，必亡其身。

1715. 骄主必不好计，亡国之臣贪于财。

1716. 百姓大害，莫甚于贪官蠹吏。

1717. 罪莫大于贪。

1718. 奢者狼藉俭者安，一凶一吉在眼前。

1719. 侈而惰者贫，力而俭者富。

1720. 奢侈之费，甚于天灾。

1721. 居安思危，戒奢以俭。

1722. 历览前贤国与家，成有勤俭破由奢。

1723. 大吏廉洁，小吏则自然效法。

1724. 大臣法，小臣廉。

1725. 小节之中有大义，爱好之中见品行。

1726. 官清则政举，官贪则政危。

1727. 酒是烧身硝焰，色为割肉钢刀。

1728. 克勤于邦，克俭于家。

1729. 不廉则无所不取，不耻则无所不为。

1730. 天上掉馅饼，不是圈套就是陷阱。

1731. 和诱惑靠得太近，容易被"咬"伤。

1732. 勤补拙，苦作身，永学毋惰；严律己，廉为政，常涤细非。

1733. 以俭为荣，崇俭去奢。

1734. 惟俭可以惜福，惟俭可以养廉。

1735. 节俭是天然的财富，奢侈是人为的贫困。

1736. 贪，是一颗高质量的定时炸弹。

1737. 以俭持家，虽贫不败；以奢持家，虽富必毁。

1738. 国无廉则不安，家无廉则不宁。

1739. 怒是猛虎，欲是深渊。

1740. 人不能把钱带进坟墓，但钱可以把人带进坟墓。

1741. 有油水常常最滑，爬起来站稳都难。

1742. 贪心是最大的贫穷，贪婪者终将一贫如洗。

1743. 天上不会掉馅饼，侥幸根本不存在。

1744. 人，因清正而尊严；官，因清廉而威严。

1745. 官以清为本，吏以廉为贵。

1746. 既要知足守廉，也要敬业守责。

1747. 居官当廉正自守，毋黩货以丧身败家。

1748. 马临险崖收缰晚，船到江心补漏迟。

1749. 无私才能无畏，廉洁才能奉公。

1750. 威从廉中来，权在贪中失。

第九辑　博学篇

1751. 学而不用等于白学，干而不学必然莽干。

1752. 学如才识，不日进，则日退。

1753. 非学无以立党兴党，非学无以治国安邦。

1754. 领导知识＝常识＋通识＋胆识＋器识。

1755. 领导思维＝左脑＋右脑＋外脑＋电脑。

1756. 学历没有能力重要，能力没有态度重要，智商没有情商重要，知识没有胆识重要，情商没有胆商重要。

1757. 如果没有新意，就不要写文章。

1758. 一个人的生活完全是他的思想所形成的。

1759. 只有具有广博的学识，才有可能具有世界眼光和开放胸襟，真正做到"海纳百川，有容乃大"；只有详细地问、慎重地思考、明确地分辨，不放过每一个社会热点问题、理论难点问题和群众疑点问题，带着问题学，才可能学到理论和知识的真谛，以科学分析实践中存在的矛盾；只有踏踏实实地实践，去改变存在的困境，才能使学习获得真正的效果。

1760. 蜂采百花酿甜蜜，人读群书明真理。

1761. 领导干部不仅要学有精专，更应该博雅君子，需要通过广泛的阅读来涵养。

1762. 博观约取、雅通古今，是社会佼佼者都应具备的文化素养。

1763. 读书切戒在慌忙，涵泳工夫兴味长。

1764. 人无学，则不明理；人之有学，则有力。

1765. 学而信，就是坚定理想信念，筑牢精神支柱；学而用，就是坚持问题导向，切实解决实际问题；学而行，就要内化于心、外化于行，推动工作、指导实践。

1766. 智力比知识重要，素质比智力重要，觉悟比素质重要。

1767. 尽信书，不如无书。

1768. 天赋如同自然花木，要用学习来修剪。

1769. 缺少知识就无法思考，缺少思考就不会有知识。

1770. 挫折是通向真理的桥梁。

1771. 哪里有思想，哪里就有威力。

1772. 挫折可以增长经验，经验能够丰富智慧。

1773. 见识广，智慧多。

1774. 教训是一盏心坎上永不熄灭的路灯。

1775. 经历是智力的基础。

1776. 经验是智慧的根本。

1777. 经验是最好的老师。

1778. 经一事，长一智。

1779. 失败中有教训，成功中有经验。

1780. 过去的错误就是将来的智慧和成功。

1781. 教训如被人接受，比经验可贵十倍。

1782. 任何教训都是学问。

1783. 胜利考验谦虚，失败考验毅力。

1784. 失败是成功的先导。

1785. 会当凌绝顶，一览众山小。

1786. 山重水复疑无路,柳暗花明又一村。

1787. 问渠哪得清如许,为有源头活水来。

1788. 聪明出于勤奋,天才在于积累。

1789. 不懂装懂,永世饭桶。

1790. 不专心不成事,不虚心不知事。

1791. 大河是安静的,有学问的人是谦虚的。

1792. 自满是求知的拦路虎,自谦是智慧的引路人。

1793. 知之曰知之,不知曰不知,内不以自诬,外不以自欺。

1794. 路漫漫其修远兮,吾将上下而求索。

1795. 勤能补拙是良训,一份辛苦一份才。

1796. 青,取之于蓝而青于蓝;冰,水为之而寒于水。

1797. 欲穷千里目,更上一层楼。

1798. 读不在三更五鼓,功只怕一曝十寒。

1799. 贵有恒,何必三更起五更眠;最无益,只怕一日曝十日寒。

1800. 骐骥一跃,不能十步;驽马十驾,功在不舍。

1801. 日日行，不怕千万里；常常做，不怕千万事。

1802. 若要工夫深，铁杵磨成针。

1803. 好学才能上进，好学才有本领。

1804. 三人行，必有我师焉；择其善者而从之，其不善者而改之。

1805. 智慧源于勤奋，伟大出自平凡。

1806. 大志非才不就，大才非学不成。

1807. 非学无以广才，非志无以成学。

1808. 功崇惟志，业广惟勤；惟克果断，乃罔后艰。

1809. 善学者尽其理，善行者究其难。

1810. 少而好学，如日出之阳；壮而好学，如日中之光；老而好学，如炳烛之明。

1811. 学贵知疑，小疑小进，大疑大进。

1812. 理解是记忆的前提。

1813. 鱼离水则鳞枯，心离书则神索。

1814. 文以载道，汇则兴邦。

1815. 循序而渐进，熟读而精思。

1816. 及之而后知，履之而后艰。

第九辑 博学篇

1817. 敏于观察，勤于思考，善于综合，勇于创新。

1818. 多读书以养底气，少忧愁以养心气，傲冰霜以养骨气。

1819. 树活风雨土，书活才思文，人活精气神。

1820. 辍学如磨刀之石，不见其损，日有所亏；勤学如穿石之水，不见其功，日有所变；真学如春起之苗，不见其增，日有所长。

1821. 才由学得，德由学进，业由学成。

1822. 学识要博，见识要广，胆识要大。

1823. 用哲学的光辉照亮前进的道路，用思想的闪光开启智慧的源泉。

1824. 知是行之始，行是知之成。

1825. 不骄方能师人之长，而自成其学。

1826. 学而不思则罔，思而不学则殆。

1827. 其问之不切，则其听之不专；其思之不深，则其取之不固。

1828. 善之本在教，教之本在师。

1829. 男儿欲遂平生志，六经勤向窗前读。

1830. 梦想从学习开始，事业靠本领成就。

1831. 世运之明晦，人才之盛衰，其表在政，其里在学。

1832. 凡才子夜读子夜，是大家常说家常。

1833. 要做到学之有效、见之长远、行之笃定，关键是要理论联系实际，在结合上狠下工夫。

1834. 学者非必为仕，而仕者必为学。

1835. 不知不可以行，不行不可谓真知；知行须合一。

1836. 知识就是财富，口才就是资本。

1837. 立身百行，以学为基。

1838. 玉不琢，不成器；人不学，不知义。

1839. 非学无以广才，非学无以明识，非学无以立德。

1840. 不闻不若闻之，闻之不若见之，见之不若知之，知之不若行之。

1841. 多读哲学，辩证唯物；多读政治，头脑清醒；多读历史，沉静深刻；

多读法律，知规守正；多读科技，自觉主动；多读文学，修身养性。

1842. 有效学习十句话：效果比效率重要；过程比结果重要；广度比深度重要；计划比随意重要；数量比质量重要；浏览比精读重要；学习比学历重要；常识比知识重要；思考比阅读重要；终生比一时重要。

1843. 不览古今，论事不实。

1844. 利人莫大于教，成身莫大于学。

1845. 志犹学海，业比登山。

1846. 好问则裕，自用则小。

1847. 善学者尽其理，善行者究其难。

1848. 欲能则学，欲知则问。

1849. 为学之道，必本于思。

1850. 人之进学在于思，思则能知是与非。

1851. 为学之实，固在践履。

1852. 学问之道，贵在实行。

1853. 学愈博则思愈远，思之困则学必勤。

1854. 学问之事，贵在有恒。

1855. 才干由学而得，道德由学而进，事业由学而成。

1856. 养心莫如静心，静心莫如读书。

1857. 大智非才不成，大才非学不成。

1858. 学习的进步是一切进步的开始，学习的落后是一切落后的先导。

1859. 博学于文，可以修学储能、锤炼修养，全方位地拓展人的视野、丰富人的学识；可以使人站高望远，客观全面地了解社会，成为复合型人才。

1860. 勤于学则智增，勤于思则理得，勤于行则事治。

1861. 实践长才干，历练出人才。

1862. 不勤教，无以为仁。

1863. 经典是智慧的结晶，但不是智慧的结束。

1864. 真理的大厦永远不会封顶。

1865. 没有一部医书能包治百病，也没有一部经典能包治天下。

1866. 志行万里者，不中道而辍足。

1867. 好学的人必成大器。

1868. 学会学习的人,是非常幸福的人。

1869. 器不饰则无以为美观,人不学则无以有美德。

1870. 学习是前进的动力,知识是生命的火花,知识是精神的粮食。

1871. 志大才疏事难成,有志有智虎添翼。

1872. 价值观是动机,方法论是工具。

1873. 学博而后可约,事历而后知要。

1874. 意志在于磨练,知识在于积累。

1875. 强记不如善悟,好记性不如烂笔头。

1876. 读书可以获得知识,思考才能去粗存精。

1877. 缺少知识就无法思考,缺少思考就不会有知识。

1878. 学其所用,用其所学。

1879. 感到自己渺小的时候,才是巨大收获的开始。

1880. 虚心是学问的向导,恒心是知识的保管。

1881. 吹嘘自己的知识，等于宣传自己的无知。

1882. 求木之长者，必固其根本；欲流之远者，必浚其泉源。

1883. 三人行必有我师，十步之内必有芳草。

1884. 养成大拙方为巧，学到如愚始知贤。

1885. 深思善悟则明。

1886. 真知才有灼见。

1887. 没有行动，思想永远不能成熟并化为真理。

1888. 工欲善其事，必先利其器。

1889. 好学不倦，从善如流。

1890. 尊贤，则不惑。

1891. 多识由博学。

1892. 剑虽利，不厉不断；材虽美，不学不高。

1893. 立身以立学为先，立学以读书为本。

1894. 黑发不知勤学早，白首方悔读书迟。

1895. 博学而不穷，笃行而不倦。

1896. 纸上得来终觉浅，绝知此事要躬行。

1897. 说得一丈，不如行得一尺。

1898. 尊教劝学，建国之大本；兴贤育才，为政之先务。

1899. 进德修业，温故知新。

1900. 立志宜思真品格，读书须尽苦功夫。

1901. 书山有路勤为径，学海无涯苦作舟。

1902. 锲而舍之，朽木不折；锲而不舍，金石可镂。

1903. 宝剑锋从磨砺出，梅花香自苦寒来。

1904. 开卷有益，在乎用心。

1905. 书富如入海，百货皆有。

1906. 博学而笃志，切问而近思，仁在其中矣。

1907. 博学切问，所以广知。

1908. 书犹药也，善读之可以医愚。

1909. 学者读书，务要穷究。

1910. 善学者尽其理，善行者究其难。

1911. 读活书，活读书，读书活。

1912. 广博以穷理。

1913. 为学之道，莫先于穷理；穷理之要，必先于读书。

1914. 推古验今，所以不惑。

1915. 日习则学不忘，自勉则身不堕。

1916. 好学而不厌，好教而不倦。

1917. 好学而不贰。

1918. 学贵心悟，守旧无功。

1919. 论先后，知为先；论轻重，行为重。

1920. 学贵专，不以泛滥为贤。

1921. 读书有三到：心到、眼到、口到。

1922. 学道无早晚，进德无先后。

1923. 积财千万，不过读书。

1924. 操千曲而后晓声，观千剑而后识器。

1925. 书到用时方恨少。

1926. 要以我用书，勿为书所绊。

1927. 如切如磋，如琢如磨。

1928. 他山之石，可以攻玉。

1929. 言之无文，行而不远。

1930. 强学博览，足以通古今。

1931. 博观而约取，厚积而薄发。

1932. 兼取众长，以为己善。

1933. 知之愈明，则行之愈笃；行之愈笃，则知之愈明。

1934. 学不博者不能守约，志不笃者不能力行。

1935. 至博而约于精，深思而敏于行。

1936. 学者如禾如稻，不学者如草如蒿。

1937. 一语不能践，万卷徒空虚。

1938. 学易而好难，行易而力难。

1939. 人在学习上，不可自弃，又不可自大。

1940. 不读书无感慨，不阅人无宽谅。

1941. 学而必习，习又必行。

1942. 为学务根柢，行文净冰雪。

1943. 不尤人则德益弘，能克己则学益进。

1944. 学必求其心得，业必贵于专精。

1945. 读书如树木，不可求骤长。

1946. 敏而好学，不耻下问。

1947. 学而不厌，诲人不倦。

1948. 业精于勤，荒于嬉；行成于思，毁于随。

1949. 温故而知新，敦厚以崇礼。

1950. 实践出真知,实践出能力,实践出威望。

1951. 把自己当做新人,在工作中虚心学习。

1952. 求知若饥,虚心若愚。

1953. 不懂得的事,不要硬充自己懂,否则就是真愚蠢。

1954. 博学以为谈资,多闻方能雄辩。

1955. 有道之书尽读,明事之书多读,闲杂之书少读,邪妄之书不读。

1956. 读书要有趣味,读书要有意味,读书要有品味。

1957. 未来的文盲是没有学会怎样学习的人。

1958. 慎而思之,勤而行之。

1959. 读书可以获得知识,思考才能去粗存精。

1960. 思考是理性的行动,而幻想是理性的愉悦。

1961. 只有知识清零,才会虚心学习;只有虚心学习,才会学有所得;只有学有所得,才会学有所悟。

1962. 气高则文章自高,气大则文章自大,气雅则文章自雅。

1963. 一天不学习就会落后,两天不学习就会掉队,三天不学习就难为人师。

1964. 事有所成,必是学有所成;学有所成,必是读有所得。

1965. 学会求知,掌握学习方法;学会做事,将知识运用于实际、知行统一;学会共处,掌握和遵照人类共同生活的准则;学会生存,对自身作为一个社会人严格要求及与自然和谐相处。

1966. 学其所用,用其所学。

1967. 智慧在于积累,天才出自勤勉;勤能补拙是良训,一分辛苦一分才。

1968. 勤学善研可提高认知能力,深谋远虑能提高策划能力,突重破难可提高推进能力,见微知著能提高校正能力。

1969. 阅读是思想的发动机。

1970. 书是良师，书是益友；开卷有益，天天进步。

1971. 看山要看大山，读书要读大书。

1972. 旧书不厌百回读，熟读深思子自知。

1973. 黄金未是宝，学问胜珍珠。

1974. 蹉跎莫遣韶光老，人生唯有读书好。

1975. 知之者不如好之者，好之者不如乐之者。

1976. 近水知鱼性，近山识鸟音。

1977. 多问的人多闻，多游的人识广，多练的人技熟，多想的人智深。

第十辑　修身篇

1978. 不愿担责任，就不要当干部；不敢担责任，就不配当干部；不会担责任，就不能当干部。

1979. 要成为好干部，信念坚定是"灵魂"，体现政治品格；为民服务是"根本"，体现价值追求；勤政务实是"精髓"，体现作风素养；敢于担当是"特质"，体现精神境界；清正廉洁是"风骨"，体现道德操守。

1980. 劳心可以使身体得到休息，劳力可以使精神得到休息。

1981. 恪守"为民"之道，强化"务实"之风，保持"清廉"本色。

1982. 应在"知不足"中学会"不知足"，在"不知足"中做好"知不足"。

1983. 以信仰教育为灵魂，做到"心中有党"；以群众路线为抓手，做到"心中有民"；以创新发展为追求，做到"心中有责"；以制度建设为保障，做到"心中有戒"。

1984. 谁要游戏人生，他就一事无成；谁不能主宰自己，永远是一奴隶。

1985. 以铜为镜可以正衣冠，以人为镜可以知得失。

1986. 紧张使人感到充实，充实使人感到愉快。

1987. 诚实是最好的介绍信。

1988. 要有"责任重于泰山"的历史担当，要有"时刻把群众安危冷暖放在心上"的公仆情怀，要有"自我修炼、自我约束、自我塑造"的行动自觉，要有"勤学、修德、明辨、笃实"的习惯养成。

1989. 做人要有人样，做官要有官样，做事要有模有样。

1990. 做人无巧，秉持真、善、美之本质为要；做官无巧，关键在于行为民、务实、清廉之途。

1991. 能力、动力、定力是站稳走好的"支撑点"。

1992. 能干、能处、能忍是进步前行的"阶梯"。

1993. 想法、说法、办法是能力高低的"三级跳"。

1994. 事业、职业、副业是干好干坏的"分水岭"。

1995. 学识、见识、胆识是成大器的"法宝"。

1996. 知足、知不足、不知足是人生航程的"校正仪"。

1997. 眼力、魄力、毅力是实现梦想的"翅膀"。

1998. 平和、平静、平淡是快乐幸福的"主打歌"。

1999. 自醒、自警、自省是健康平安的"预警器"。

2000. 低眉顺目比金刚怒目更具威严。

2001. 多思不如养志，多言不若守静，多才不若蓄德。

2002. 见贤思齐，见不贤而内省，心有一泓清水，无惧身外浊泥。

2003. 耍小聪明实质是一种无知。

2004. 长板显示水平,短板决定命运。

2005. 心态好,生活就好。

2006. 思想之火只要一天不熄,生命也就永远不会干枯。

2007. 富贵一时,名节千古。

2008. 缓,可以三思;退,可以远祸;舍,可以养福;静,可以益寿。

2009. 人生从不缺少幸福,只是缺少捕捉幸福的心灵。

2010. 新领导力=权力+能力+魅力+魄力。

2011. 海纳百川,有容乃大;壁立千仞,无欲则刚。

2012. 见善如不及,见不善如探汤。

2013. 卓越的才能只会生长在毅力的高山上。

2014. 生活是一面镜子,你对它笑,它就对你笑;你对它哭,它也对你哭。

2015. 相信生活,它给人的教益比任何一本书都好。

2016. 丰富多彩是生活的调料,它使生活充满趣味。

2017. 送牛奶的人的身体总比喝牛奶的人健康；可见，锻炼是健康的基石。

2018. 健康不是一切，但一切都需要健康。

2019. 金钱是子女的，地位是暂时的，荣誉是过去的，健康才是自己的。

2020. 健康是人生第一财富。

2021. 健康是智慧的条件，是愉快的标志。

2022. 健康是幸福的主要因素，锻炼是健康的重要保证。

2023. 善良是心理养生的营养素，宽容是心理养生的调节阀，乐观是心理养生的不老丹，淡泊是心理养生的免疫剂。

2024. 有规律的生活是健康与长寿的秘诀。

2025. 慎起居，节饮食，导引关节，吐故纳新。

2026. 精神畅快，心气和平；饮食有节，寒暖当心；起居以时，劳逸均匀。

2027. 合理膳食、适度运动、心情舒畅是健康的三大基石。

2028. 生活充实其实就是幸福。

2029. 人生有进有退、有得有失，输什么也不能输心情。

2030. 希望便是快乐，创造便是快乐。

2031. 一心想赶两只兔，反而会落得两手空。

2032. 抱怨如同诅咒，怨言越多就越容易退步。

2033. 一个国家的强盛，离不开精神的支撑；一个民族的进步，有赖于文明的成长。

2034. 胸怀有多宽，成就就有多大。

2035. 修德即修福。

2036. 淡泊名利无宠辱。

2037. 厚德薄怨。

2038. 静若处子，动如脱兔。

2039. 人生容不得如果，只有后果和结果。

2040. 心中有党，才能不忘党的宗旨；心中有民，才能牢记人民的期待；心中有责，才能把岗位当作责任；心中有戒，才能心存敬畏、干净做事。

2041. 常与高人交往，闲与雅人相会，乐与亲人休闲。

2042. 爱岗尽职无憾，养家小康无忧，自己开心无悔。

2043. 有小失才能有大得。

2044. 认真分析自己的个性，取优去劣，让自己趋于完善。

2045. 低头走稳每一步。

2046. 心静：安心工作之本；心净：清正廉洁之源；心尽：做好本职之诀。

2047. 宽容是一种修养，谦虚是一种美德。

2048. 专注坚守，审慎持重，方能从小事小节中涵养大境界。

2049. 心胸宜开不宜郁，郁则百病生，开则百病除。

2050. 思想决定行为，格局决定结局。

2051. 有多大抱负就有多大度量，有多大度量就有多大成就。

2052. 天天洗脸净其外，日日外省明内心。

2053. 清则心境高雅，清则正气充盈，清则百毒不侵，清则万众归心。

2054. 一简单就快乐，一世故就变老。

2055. 才高不自吹自擂，露才扬己，恃才傲物；位高不自高自大，盛气凌人，飞扬跋扈。

2056. 吃饭比吃药重要，运动比吃饭重要，乐观比运动重要。

2057. 精神生命是人本质生命的一部分，倘若没有强壮的体魄做支撑，精神生命也会苍白无力。

2058. 忍让是一着妙棋，冷静是一副良药，美色是一口陷阱，嫉妒是一支毒箭，急躁是一种隐患，冲动是一个魔鬼，寡欲是一种享受，挫折是一种磨练，违心是一种欺骗，私欲是一条祸根。

2059. 诚信不仅是一种品行，更是一种责任；不仅是一种道义，更是一种准则；不仅是一种声誉，更是一种资源。

2060. 心无妄想，足无妄走，人无妄交，物无妄受。

2061. 事做多了方知学习可贵，挫折多了方知心态可贵，成功多了方知勇气可贵，矛盾多了方知胸怀可贵，委屈多了方知修炼可贵，恭维多了方知真诚可贵，名利多了方知淡定可贵，应酬多了方知宁静可贵。

2062. 膳食不在丰富，贵在营养均衡；居室不在大小，贵在整洁舒畅；养生不在刻意，贵在顺其自然；锻炼不在夏冬，贵在持之以恒；作息不在早晚，贵在规律养成；情趣不在雅俗，贵在保持重心。

2063. 遇顺境，处之淡然；遇逆境，处之泰然。

2064. 从杂乱中发现简单，从混乱中制造和谐，在困境中寻求机会。

2065. 上善若水，心善则安。

2066. 其身正，不令而行；其身不正，虽令不从。

第十辑 修身篇

2067. 用心于正，一正而群纲举；用心于诈，百补而千穴败。

2068. 建立在权力上的权威不牢固，唯有人格的魅力最长久。

2069. 仁者爱人，推己及人。

2070. 人无尊卑，敬畏为本；事无贵贱，担当为本；世无定格，知止为本。

2071. 知止常止，终生不耻。

2072. 方法的背后是作风，作风的背后是责任，责任的背后是情感。

2073. 大者不仁不为大也，强者不德不为强也。

2074. 治身莫先于孝，治国莫先于公。

2075. 自见者不明，自是者不彰。

2076. 不诱于誉，不恐于诽。

2077. 精神上的丰富，是预防懒惰的途径。

2078. 形存则神存，形谢则神灭。

2079. 有始必有终，有终必有始。

2080. 好鼓一打就响，好灯一拨就亮。

2081. 人有志，竹有节。

2082. 山高流水长，志大精神旺。

2083. 志高品高，志下品下。

2084. 品行是一个人的内在，名誉是一个人的外貌。

2085. 节制是一种秩序，一种对于快乐和欲望的控制。

2086. 取巧不投机，圆融走捷径。

2087. 健康是生命的本钱。

2088. 山外有山，天外有天，人外有人。

2089. 顺逆都听，眼亮心明。

2090. 虚心使人进步，骄傲使人落后。

2091. 痒要自己抓，好要别人夸。

2092. 自大的人，为自己的无知筑起高墙；谦虚的人，为自己的探索敞开门窗。

2093. 健康为最好的天赋，知足为最大的财富，信任为最佳的品德。

2094. 船靠舵正，人靠心正。

2095. 艰苦能磨练人的意志。

2096. 使意志获得自由的唯一途径，就是让意志摆脱任性。

第十辑　修身篇

2097. 理智要比心灵更高，思想要比感情可靠。

2098. 爱人者，人恒爱之；敬人者，人恒敬之。

2099. 将军额上能跑马，宰相肚里能撑船。

2100. 宽以济猛，猛以济宽，政是以和。

2101. 尊敬别人，才能让人尊敬。

2102. 以情恕人，以理律己。

2103. 以责人之心责己，以恕己之心恕人。

2104. 意志坚如铁，度量大似海。

2105. 由大智中产生大勇，由理解中加强信心，是最坚毅的大勇和最坚强的信心。

2106. 真金在烈火中炼就，勇气在困难中培养。

2107. 天行健，君子自强不息。

2108. 不经风雨不成材，不经高温不成钢。

2109. 常说没有机会的人，就是意志薄弱的人。

2110. 决心攀登高峰的人，总能找到道路。

2111. 古之立大事者,不唯有超世之才,亦必有坚忍不拔之志。

2112. 自觉心是进步之母,自贱心是堕落之源。

2113. 勤为无价宝,慎乃护身术。

2114. 长江不拒细流,泰山不择土石。

2115. 改过迁善不嫌迟。

2116. 天将降大任于斯人也,必先苦其心志,劳其筋骨,饿其体肤,空乏其身,行拂乱其所为。

2117. 只要脊梁不弯,就没有扛不起的山。

2118. 必须体验过痛苦,才体会到生活的快乐。

2119. 从希望中得到欢乐,在苦难中保持坚韧。

2120. 顺境时显现恶习,逆境时凸现美德。

2121. 交好运时要谨慎,遭厄运时要忍耐。

2122. 工作是良药,能医治一切困扰人的疾苦。

2123. 不审不聪则谬,不察不明则过。

2124. 不知味者,以芬香为臭;不知道者,以美言为乱耳。

2125. 守信用胜过有名气。

2126. 公道自在人心,是非必有正论。

2127. 目贵明,耳贵聪,心贵智。

2128. 难莫大于辨邪正。

2129. 是是非非谓之知,非是是非谓之愚。

2130. 别抱怨别人不尊重你,要先问问自己是否尊重人。

2131. 不可逆转的是时间,不可侮辱的是人格。

2132. 痛苦常使弱者厌世轻生,却使强者更加清醒奋发。

2133. 自重者,珍惜自己的人格;自私者,珍惜身外的金钱。

2134. 人必须要有耐心,特别是要有信心。

2135. 信心是命运的主宰。

2136. 自信与自立是坚强的柱石。

2137. 胸怀博大的人,不太容易为痛苦所缠绕;心胸狭小的人,常常为痛苦所折磨。

2138. 许多成功者从困苦中来，许多觉悟者也从困苦中来。

2139. 困苦能孕育灵魂和精神的力量。

2140. 人的勇气能承担一切重负，人的耐心能忍受绝大部分痛苦。

2141. 生命不止，奋斗不息。

2142. 勤奋和智慧是双胞胎，懒惰和愚蠢是亲兄弟。

2143. 能忍人之所不能忍，乃能为人之所不能为。

2144. 如切如蹉，如琢如磨。

2145. 胸怀能容得下多少人，才能赢得多少人。

2146. 知足是天赋的财富，奢侈是人为的贫穷。

2147. 人有不为也，而后可以有为。

2148. 旺盛的精力寓于健康的身体。

2149. 有规律的生活是健康与长寿的秘诀。

2150. 心治则百络皆安，心忧则百节皆乱；

第十辑　修身篇

心乐则百年长寿，心悲则百病缠身。

2151. 忧愁身上缠，多病寿命短。

2152. 心胸坦荡荡，身体健壮壮，心情乐悠悠，身体雄赳赳；心胸悲戚戚，体弱病兮兮，心情凄惨惨，体弱病恹恹。

2153. 文化淬炼时代精神，文化凝聚奋斗力量。

2154. 人无泰然之习惯，必无健康之身体。

2155. 身体的健康在很大程度上取决于精神的健康。

2156. 生活有度，人生添寿。

2157. 寿命的缩短和思想的虚耗成正比。

2158. 思索生知，慢怠生忧，暴傲生怨，忧郁生疾。

2159. 心大则百物皆通，心小则百物皆病。

2160. 心平气和，五体安宁。

2161. 心中欢乐，面带笑容；心里烦愁，神伤体损。

2162. 休息是滋养疲乏的精神保姆。

2163. 养生孰为本，元气不可亏。

2164. 养心莫善寡欲，至乐无如读书。

2165. 知足不辱，知止不殆，可以长久。

2166. 刀越磨越亮，劲越练越强。

2167. 锻炼是灵丹，卫生是妙药。

2168. 身体越练越壮，脑子越用越灵。

2169. 饮食贵有节，运动贵有恒。

2170. 不经冬寒，不知春暖。

2171. 不挑担子不知重，不走长路不知远。

2172. 经一番挫折，长一番见识。

2173. 做官知足，做人知不足，做事不知足。

2174. 播下一种人格，收获一种命运；所以，从政伊始，就应该注意播下信仰坚定、品高行端、亲民为民的人格种子。

2175. 高尚的人格能让权力者信而威，卑劣的人格会使权力者"威"而无信。

2176. 具有平民情怀，才能赢得民心；唯有清正廉明，方能受到信赖；只有心胸博大，才能凝心聚力。

第十辑 修身篇

2177. 领导魅力 =99% 的个人影响力 +1% 的权力。

2178. 万般补养皆虚伪,唯有操心是要规。

2179. 保持内心洁净需不断砥砺、不断积累,从严从实才显其真,持之以恒方见其效。

2180. 既要有知识,更要有智慧;既要有感情,更要有情怀;既要有信心,更要有信仰。

2181. 知足的人无欲,故不贪;老实的人无诈,故不奸;坦荡的人无私,故不畏。

2182. 存"容"心以博大,修"静"心以生慧,强"正心"以蓄力。

2183. 心绪不好是失败的引子。

2184. 做官有限,做人无限;生命有限,事业无限;贡献有限,奋斗无限。

2185. 心忧天下,勇于担当;从容淡定,善于思考;刚直不阿,敢于直言。

2186. 把自己看成平常人,把名利当作平淡事，把形象放到平时塑。

2187. 清则静心寡欲，穷则独善其身，达则兼济天下。

2188. 党风正则人心齐，人心齐则事业兴，事业兴则国家强。

2189. 顺境逆境看胸怀，大事难事看担当，自律他律看境界。

2190. 回首过去，"雄关漫道真如铁"；
审视现在，"人间正道是沧桑"；
展望未来，"长风破浪会有时"。

2191. 风成于上，俗化于下。

2192. 欲肃民风先正官风。

2193. 人见利而不见害，鱼见食而不见钩。

2194. 老吾老，以及人之老；幼吾幼，以及人之幼。

2195. 和以处众，宽以接下，恕以待人。

2196. 从来好事天生险，自古瓜儿苦后甜。

2197. 人有悲欢离合，月有阴晴圆缺，此事古难全。

2198. 谦虚和律己是提高品德的前提。

2199. 见人之过，得己之过；闻人之过，想己之过。

2200. 德不广不能使人来，量不宏不能使人安。

2201. 功者难成而易败，时者难得而易失。

2202. 昨日之日不可追，今日之日须臾期。

2203. 怀重宝者，不以夜行；任大功者，不以轻敌。

2204. 从善则有誉，改过则无咎。

2205. 行己莫如恭，自责莫如厚。

2206. 己欲立而立人，己欲达而达人。

2207. 厚积者远发，蓄硕者用充。

2208. 善不为名，而名随之；名不为禄，而禄从之。

2209. 乐易者常寿长，忧险者常夭折。

2210. 忍泣目易衰，忍忧形易伤。

2211. 知者动，仁者静；知者乐，仁者寿。

2212. 养心莫善于寡欲。

2213. 祸兮福之所倚，福兮祸之所伏。

2214. 幸福源于不断学习、懂得感恩、宽容大度、内心简单、恰当比较。

2215. 在精神上向上比，才能越比心灵越高洁，越比行为越高尚；在物质上向下比，才能越比心理越坦然，越比行为越无私。

2216. 若要远行，必先修其近；若要登高，必先修其低。

2217. 近不修，则无以行远路；低不修，则无以登高山。

2218. 多正气，多大气，多朝气，多和气；少怨气，少泄气，少暮气，少脾气。

2219. 存心不善，风水无益；不孝父母，奉神无益；兄弟不和，交友无益；行止不端，读书无益；心高气傲，博学无益；做事乖张，聪明无益；妄取人财，布施无益；淫恶肆欲，阴骘无益。

2220. 物洗则洁，心洗则清。

2221. 上善若水，从善如流，如水人生，随缘而安。

2222. 修犹切磋琢磨，养犹涵养熏陶。

2223. 治人者必先自治，责人者必先自责，成人者必先自成。

2224. 德高为师，身正为范。

2225. 志正则众邪不生。

2226. 文化润其身，养德固其本。

2227. 别把自己看得太重，别把别人看得太轻。

2228. 自尊不是轻人，自信不是自满，独立不是孤立。

2229. 以德立威，以智立威，以能立威，以行立威，以和立威。

2230. 只有修身合格了，修行到位了，做事才能不走样。

2231. 品行正，做人就能稳稳当当，不会出岔子；心态稳，办事就能步步扎实，不会犯糊涂；淡名利，处世就能大大方方，不会纠结。

2232. 信念上要与革命先烈比，工作上要与模范人物比，生活上要与困难群众比。

2233. 掌控自己是一辈子要练的功夫。

2234. 为民是宗旨，务实是风格，清廉是底线。

2235. 除非先控制自己，否则无法控制别人。

2236. 仁可长寿，德可延年。

2237. 正气存内，邪不可干；邪之所凑，其气必虚。

2238. 水唯善下方成海，山不矜高自极天。

2239. 上梁不正下梁歪，中梁不正倒下来。

2240. 仓廪实则知礼节，衣食足则知荣辱。

2241. 政治清醒、思想敏锐，在坚定信念上作表率；五湖四海、任人唯贤，在选人用人上作表率；真抓实干、遵宪守法，在勤政务实上作表率；恪尽职守、善解难题，在敢于担当上作表率；作风民主、虚怀若谷，在团结共事上作表率；修身立德、清正廉洁，在严格自律上作表率。

2242. 忠诚是为政之魂，干净是立身之本，

第十辑　修身篇

担当是成事之要，三者犹如鼎之三足，缺一不可。

2243. 要有容人之量、谦让之德、坦诚之怀、友爱之情、感恩之心。

2244. 慎初，保持党的纯洁性之首；慎微，保持党的纯洁性之重；慎言，保持党的纯洁性之策；慎软，保持党的纯洁性之硬；慎馋，保持党的纯洁性之规；慎瞬，保持党的纯洁性之境；慎护，保持党的纯洁性之律；慎欲，保持党的纯洁性之基；慎独，保持党的纯洁性之谋；慎终，保持党的纯洁性之名。

2245. 明者未形而知惧，暗者患及而犹安。

2246. 禁微则易，救末者难。

2247. 教化立而奸邪皆止，教化废而奸邪并出。

2248. 不义而富且贵，于我如浮云。

2249. 谋度于义者必得，事因于民者必成。

2250. 先义而后利者荣，先利而后义者辱。

2251. 有一分利欲，便蔽一分天理。

2252. 闻人之谤当自修，闻人之誉当自惧。

2253. 积德成王，积怨成亡。

2254. 厚于财物，必薄于德。

2255. 涵养须用敬，进学则在致知。

2256. 清心为治本，直道是身谋。

2257. 厚德以积福，逸心以补劳，修道以解厄。

2258. 种树者必培其根，种德者必养其心。

2259. 量宽足以得人，身先足以率人。

2260. 以责人之心责己，则寡过；以恕己之心恕人，则全交。

2261. 敬以持躬，恕以待人。

2262. 静以修身，俭以养德。

2263. 官以身作则，有容乃大，谦让在先；民感念于心，无欲则宽，以行相效。

2264. 以公德带动党风政风，荡涤歪风邪气；以私德带动民风社风，清朗社会风气。

2265. 仁者以财发身，不仁者以身发财。

2266. 善人同处，则日闻嘉训；恶人从游，则日生邪情。

2267. 心正了，世界都美好；心偏了，世界就都不好。

2268. 健康是责任，锻炼是任务。

2269. 心存感恩，知足惜福；滴水之恩，涌泉相报。

2270. 欲治其国者，先齐其家；欲齐其家者，先修其身；欲修其身者，先正其心；欲正其心者，先诚其意。

2271. 素质是勇于担当的资本，能力是敢于担当的底气。

2272. 有良知才会有党性，才会心中装着群众，才能无私无畏，才能浸透人文精神。

2273. 以平静之心对己，以平稳之心处事，以平常之心对待名利。

2274. 自重要重"德"，自重要重"能"，自重要重"规"。

2275. 无财非贫，无学乃贫；无寿非夭，无术乃夭；无子非孤，无德乃孤。

2276. 小事小节中有政治、有方向、有人格、有形象。

2277. 敬畏既是一种观念，也是一种境界和智慧。

2278. 祸福无门，唯有自取。

2279. 包容于政党是政治智慧，于党员干部是党性修养。

2280. 屋子需要经常打扫，人的思想需要不断净化。

2281. 术自心来，心正术正，术正气正。

2282. 心要光明，量要阔大，志要果毅。

2283. 坚守是生命的信念，是求生的本能，是一泓永不枯竭的生命源泉。

2284. 人无私德便"无以立"，无公德则"不能群"。

2285. 君子坦荡荡，小人长戚戚。

2286. 恩怨归零，收获宁静；得失归零，赢得淡定；功过归零，换得轻松；名利归零，净洁心宁。

2287. 克己则安。

2288. 和融处事,方正做人。

2289. 生命态度决定生命质量。

2290. 爱人就是爱己,护人就是护己,害人就是害己。

2291. 知足常乐,终生不辱;当止即止,终生不耻。

2292. 没有患得之心,就不会有患失之苦。

2293. 心宽福常在,量小多祸端。

2294. 自长者短,自短者长。

2295. 伟大的精神凝聚伟大的力量,伟大的力量创造出伟大的业绩。

2296. 人人安心,社会安定;人人自卫,社会垂危。

2297. 做人像水,做事像山,名利向后,困难向前。

2298. 心正邪不侵,德正歪不入;有德自然清,无德自然浊。

2299. 人品以正为贵,心地以善为高;做人合乎大德,做事合乎大道。

2300. 心灵愉悦来自精神富有，简单快乐来自心态知足。

2301. 忍耐是人生的必修课。

2302. 是非明于学习，境界升于自省，名节源于修养，腐败止于正气。

2303. 风气好出人才、出业绩，人人受益；风气不好出"刁民"、出邪气，人人受害。

2304. 木受绳则直，人受谏则圣。

2305. 万事严中求。

2306. 正身直行，众邪自息。

2307. 公开才有公平，透明才会清明。

2308. 骥走崖边须勒缰，人至官位要缚心。

2309. 虽则巧持于末，不如拙戒其本。

2310. 没有限制的自由，必然导致无所不为；失去监督的权力，必然导致胡作非为。

2311. 功者自功，祸者自祸。

2312. 万物必有盛衰，万事必有弛张。

2313. 自觉心是进步之母，自贱心是堕落之源，故自觉心不可无，自贱心不可有。

2314. 身歪者影必斜，源清者流必结。

2315. 节约和勤勉是人类两个名医。

2316. 忧愁、焦虑和悲观，使人身体多病；豁达、喜悦和乐观，使人健康长寿。

2317. 不忧一家寒，所忧四海饥。

2318. 志毋虚邪，行必正直。

2319. 以正胜邪，以直胜曲。

2320. 守责，恪尽职守，任劳任怨；守法，遵纪守法，依法办事；守信，言行一致，取信于民；守德，严格要求，追求高尚。

2321. 行谨则能坚其志，言谨则能崇其德。

2322. 小善不足以蔽身，勿以小善而自怠；小恶不足以灭身，勿以小恶而自暇。

2323. 惧则思，思则微；惧则慎，慎则不败。

2324. 以水为镜，见面之容；以人为镜，知吉与凶。

2325. 修身以寡欲为要，行己以恭俭为先。

2326. 神静而心和，心和而形全；神躁而心荡，心荡则形伤。

2327. 源静则流清，本固则丰茂；内修则外理，形端则影直。

2328. 自重者，然后人重；人轻者，由于己轻。

2329. 育人者必先自育，责人者必先自责，成人者必先自成。

2330. 身教重于言教，行动是无声命令。

2331. 行之以躬，不言而行。

2332. 健康不是一切，没有健康没有一切。

2333. 安乐有致死之道，忧患为养生之本。

2334. 有眼界才有境界，有实力才有魅力，有思路才有出路，有作为才有地位。

2335. 有所畏者，其家必齐；无所畏者，必怠其睽。

2336. 吏不善，政虽善不行。

2337. 严，才能弘扬正气、打击邪气、转变作风、遏制腐败；严，才能巩固组织、提高队伍、锻炼干部、增强党的凝聚力战斗力。

2338. 山自重，不失其巍峻；海自重，不失其雄浑；人自重，才是一个真正有筋骨的人。

2339. 心正心灵，则业勤业精。

2340. 操守要有真宰，无真宰则遇事便倒。

2341. 清心为治本，直道是身谋。

2342. 榜样是看得见的哲理。

2343. 天下之本在国，国之本在家。

2344. 良好家风是阳光，呵护幼树可参天；不正家风是恶土，好种也会长歪苗。

2345. 知恩图报，在私是人品，在公是官德。

2346. 越是忘名者，越会有名；越是逃名者，越会留名；越是避名者，越会得名。

2347. 世间多少仁义家事，看似无情却有情；世间多少家庭悲剧，看似有情却又显无情。

2348. 修心守恒，无不成仁。

2349. 作德，心逸日休；作伪，心劳日拙。

2350. 身体是革命的本钱，健康是最好的投资。

2351. 治家以德，兴家以勤，和家以容，持家以俭，润家以文，暖家以爱。

2352. 德之不修，其才必曲。

2353. 贪欲的闸门一旦打开，就如决堤的洪水一泻千里。

2354. 小节之中有大义，爱好之中见品行。

2355. 观是一种力量。

2356. 改过不吝，从善如流。

2357. 符合理智的快乐才是永恒的快乐。

2358. 人生最大的挑战就是挑战自己。

2359. 德行是灵魂的力量。

2360. 信用是立身之本。

2361. 强者从逆境中找回自己，弱者从自卑中丢失自己。

2362. 海内存知己，天涯若比邻。

2363. 有德必有勇，正直的决不胆怯。

2364. 水愈流动愈低下，人愈谦虚愈高尚。

2365. 生命的长短用时间计算，生命的价值用贡献计算。

第十辑 修身篇

2366. 有健康的身体才有健全的精神。

2367. 健康胜过力量与美貌。

2368. 忠告比任何礼物都宝贵。

2369. 楼上还有楼，山外还有山，天上还有天。

2370. 慎终如始，则无败事；慎独慎微，贵在一个"恒"字。

2371. 愁生于郁，解愁的方法在泄；郁由于静止，求泄的方法在动。

2372. 榜样是一种人人能读的课程。

2373. 诚无不动者，修身则身正，治事则事理。

2374. 作本色人，说良心话，干近情事。

2375. 信言不美，美言不信。

2376. 定国之术，在于强兵足食。

2377. 为国家者，任官以才，立政以礼，怀民以仁，交邻以信。

2378. 心境好，病难找。

2379. 巧诈不如拙诚。

2380. 德立而后道随之，道立而后政随之。

2381. 卑己而尊人，小心而畏义。

2382. 从善如流，尚恐不逮；饰非拒谏，必是招损。

2383. 道之以德，齐之以礼，有耻且格。

2384. 以武功定祸乱，以文德致太平。

2385. 仁义为友，道德为师。

2386. 心诚气温，气和辞婉，必能动人。

2387. 平出于公，公出于道。

2388. 大德胜小德，是以有德。

2389. 君子盛德，容貌若愚。

2390. 修身在正其心。

2391. 国尚礼则国昌，家尚礼则家大，身有礼则身修，心有礼则心泰。

2392. 化以成俗，教移人心。

2393. 唯正己而以化人，唯尽己可以服人。

2394. 不能胜寸心，安能胜苍穹？

2395. 劝人为善，不如与人为善；与人为善，不如自己直接为善。

2396. 开其自新之路，诱于改过之善。

2397. 动则思礼，行则思义。

第十辑 修身篇

2398. 上行之，下效之。

2399. 事变则时移，时移则俗易。

2400. 德以修己，教以导人。

2401. 善为国者必先治其身。

2402. 善治人者，能自治者也。

2403. 严以治吏，宽以养民。

2404. 正己而化人者顺。

2405. 身不正则人不从。

2406. 必先自治，乃可治人。

2407. 公道达而私门塞，公义立而私事息。

2408. 坚持讲政治，才能跳出一隅谋全局；坚持廉洁从政，才能增强思想免疫力、党纪国法执行力、为官用权约束力；坚持脚踏实地，才能守土有责、守土负责、守土尽责。

2409. 为官之道，德在其首；干部之毁，道德败坏首当其冲。

2410. 善为天下者，计大而不计小。

2411. 志高则其言洁，志大则其辞弘，志远则其旨永。

2412. 壮志莫随流俗变。

2413. 器大者声必闳，志高者意必远。

2414. 人与志共存，言与行互应。

2415. 流言止于智者。

2416. 持己自正，修其业，人心自顺。

2417. 知过必改，得能莫忘。

2418. 行事不可任心，说话不可任口。

2419. 冷事要热做，热事要冷做。

2420. 见利思义，见危授命。

2421. 心正不怕影儿斜。

2422. 顺天时之常序，养浩气之至和。

2423. 浩气中心发，雄风两腋生。

2424. 身修而后家齐，家齐而后国治，国治而后天下平。

2425. 家和则福自生。

2426. 人固有一死，或重于泰山，或轻于鸿毛。

2427. 自知者英，自胜者雄。

2428. 百行以德为首。

2429. 动必三省，言必三思。

2430. 抱德人立，崇德国兴。

2431. 人谁无过？过而能改，善莫大焉。

2432. 日省其身，有则改之，无则加勉。

2433. 百尺竿头，更进一步。

2434. 境由心造，事在人为。

2435. 昂扬向上，才有生机，才有活力；不断进取，才有希望，才有进步。

2436. 常修为政之德，常思贪欲之害，常怀律己之心，常除非分之想，常省自省之过。

2437. 唯宽可以容人，唯厚可以载物。

2438. 大足以容众，德足以怀远。

2439. 身体健康，精神饱满，劲头十足。

2440. 完全掌握自己的情绪，不暴躁蛮横。

2441. 保持愉快而乐观的仪表和态度，给大家带来阳光。

2442. 待人随和，有礼貌，平易近人。

2443. 人无泰然之习性，必无健康之身体。

2444. 耐得住寂寞，经得起诱惑，不断地积蓄能量。

2445. 临大事静气为先,遇险滩宁静致远。

2446. 成就事业不能以健康为代价。

2447. 尽情享受独处的妙处。

2448. 寂寞是一种清福。

2449. 检查身体为健康加油。

2450. 运动是健康的守护神。

2451. 欲正作风,先正家风。

2452. 孝为立身之本,必当以孝为先。

2453. 人能克己身无患,事不欺心睡自安。

2454. 心中有正义,必将是英雄;心中存善念,必将成贤士。

2455. 人生就像骑单车,想保持平衡就得往前走。

2456. 积行成习,积习成性,积性成命。

2457. 居功而傲容易导致贪而理得。

2458. 不求不失,有求必失。

2459. 每一种创伤都是一种成熟,每一个经历都是一笔财富。

2460. 生活的最高境界是宽容,相处的最高境界是尊重。

第十辑 修身篇

2461. 人之所以快乐，不是得到的多，而是计较的少。

2462. 人之所以烦恼，不是多愁善感，而是过于追求完美。

2463. 越来越淡的总是名利，越来越多的总是感悟。

2464. 帮助人是崇高，理解人是豁达，原谅人是美德，服务人是快乐。

2465. 最好的状态是正常，最有效的手段是平衡，最高的境界是自然。

2466. 低头要有勇气，抬头要有底气。

2467. 自信的态度，决定人生的高度；眼界的广度，决定人生的宽度；奋斗的力度，决定人生的厚度；胸怀的大度，决定人生的深度；智慧的人生，关键在适度。

2468. 轻财足以聚力，律己足以服人，量宽足以得人，身先足以率人。

2469. 宽容是一种征服。

2470. 小病早医，无病早防。

2471. 保住小节,才能不失大节。

2472. 工以利器为助,人以贤友为助。

2473. 简简单单才是真,平平淡淡才是福。

2474. 天地有大美,于简单处得;人生有大疲惫,在复杂处藏。

2475. 生活中有大情趣,一定日子过得很简单;生命中有大愉悦,一定是心灵纯净到不复杂。

2476. 消化痛苦的能力决定你的快乐指数。

2477. 即便置身风雨,也要内心明媚。

2478. 忍得一时之气,免得百日之忧。

2479. 心小了,小事就大了;心大了,大事就小了。

2480. 逆境使人成熟,绝境使人醒悟。

2481. 只有简单着,才能快乐着。

2482. 物随心转,境由心造。

2483. 生活就是面对真实的微笑,就是越过障碍注视将来。

2484. 人世间的任何境遇都有其优点和乐趣。

2485. 自制一种秩序,一种对于快乐与欲望的控制。

2486. 习惯是在习惯中养成的。

2487. 习惯要由习惯来取代。

2488. 运动是一切生命的源泉。

2489. 感恩其实就是灵魂上的健康。

2490. 幽默和风趣是智慧的内现。

2491. 乐观的心态，就是最强劲的兴奋剂。

2492. 自静其心延寿命，无求于物长精神。

2493. 打不碎的意志，跌不破的成就。

2494. 练就出色的自制力，才能经得起诱惑。

2495. 节俭是创造巨大成功的源泉。

2496. 反省是一堂有效的自我教育课。

2497. 自嘲，智慧、豁达的使者。

2498. 对自己的欲望，加以节制；对别人的幸福，投以尊重。

2499. 人之相悉悉于品，人之相敬敬于德，人之相交交于情，人之相随随于义。

2500. 做人为先，尽职为本，安全为要。

2501. 做人低调不低头，做事争气不争名，做官爱民不爱财。

2502. 十字路口，一看二慢三通过；人生旅途，一思二量三前行，平安第一。

2503. 无私心则宽，无欲人则刚，无求身则高，无忧寿则长。

2504. 授人香草，手自留香；送人玫瑰，心自芬芳；善以待人，人自善良；恬淡平和，百年安康。

2505. 感动别人是一种能力，被人感动是一种境界；理解别人是一种成熟，被人理解是一种幸运。

2506. 一时强弱在于力，千秋胜负在于理。

2507. 欢乐之时要皱眉，痛苦之时要微笑。

2508. 志不强者智不达，言不信者行不果。

2509. 行慎则能坚其志，言慎则能崇其德。

2510. 幽默是最好的医生。

2511. 鼓励自己的最好的办法，就是鼓励别人。

2512. 近朱者赤，近墨者黑。

2513. 礼貌过盛者，情必疏。

2514. 和蔼可亲的态度是永远的介绍信。

2515. 人誉我谦,又增一美;自夸自败,还增一毁。

2516. 宁有求全之毁,不可有过情之誉;宁有无妄之灾,不可有非分之福。

2517. "看透"是境界,"放下"是能力,"随缘"是心态,"淡定"是状态。

2518. 观念引发行为,行为养成习惯,习惯塑造性格,性格决定命运。

2519. 没有比人更高的山,没有比脚更长的路;只要锲而不舍地前进,就有达到目的的那一天。

2520. 伟大寓于平凡,深刻寓于简单。

2521. 当下才是生活。

2522. 物来则应,过去不留。

2523. 淡泊明志方能宁静致远。

2524. 诚信是官德之基。

2525. 坦诚相待才能彼此信任。

2526. 谦和的人最有魅力。

2527. 志向决定格局。

2528. 治天下者先治己,治己者先治心。

2529. 刚强非本性,从容可立身。

2530. 山自重,不失之威峻;海自重,不失之雄浑;人自重,不失之尊严。

2531. 自恃清高会导致迂腐。

2532. 扬朝气扫暮气,防范精神懈怠的危险;讲大气去小气,防范能力不足的危险;接地气除官气,防范脱离群众的危险;树正气抵邪气,防范消极腐败的危险。

2533. 乐于多失,甘愿少得,得亦不喜,失亦不忧。

2534. 一个人最大的幸福,是他不认为自己不幸;一个人最大的不幸,是他不知道自己幸福。

2535. 胸怀春天,蓬勃生长;情似夏日,热烈忠诚;身沐秋风,踏实干事;心驻冬季,淡泊名利。

2536. 治学有一股钻劲,干事有一股韧劲,创新有一股闯劲,攻坚有一股蛮劲,求成有一股巧劲，做人有一股憨劲。

2537. 从善如流是胸怀，应有海纳百川的气魄；从善如流是境界，当有登高望远的眼光；从善如流是水平，常在理智的选择中增长本领。

2538. 人生如航船，心态如舵仪；心态失衡，人生方向将迷失。

2539. 骨宜刚，气易柔；志宜大，胆宜小；心宜虚，言宜实。

2540. 对待名利有满足感，对待工作有紧迫感，对待事业有责任感，对待生活有幸福感。

2541. 用理想引领情趣，用道德约束情趣，用事业陶冶情趣，用知识涵养情趣。

2542. 学不必博，要之有用；仕不必达，要之无愧。

2543. 自古人间苦无边，看得高远境如仙。

2544. 内心和谐是和谐人格的灵魂。

2545. 人生三宝：坦荡、勤勉、宽容。

2546. 树进取之心，立争先豪气；树责任之心，立发展勇气；明是非界限，养浩然正气；存包容胸怀，育仁厚和气。

2547. 有书真富贵，无病大神仙。

2548. 心境和谐，就会志存高远，知荣明辱，奋勇争先而不计名利，品德高尚而不孤芳自赏；心境和谐，就会刚正不阿，与人为善，磊磊落落，如月皎然，健康长寿。

2549. 崇尚英雄，就能挺起民族的精神脊梁；崇尚先进，就能铸就开创未来的强大力量。

2550. 堂堂正正做人，从戒除心中之魔开始；脚踏实地办事，由聆听百姓心声起步。

2551. 事修而谤兴，德高而毁来。

2552. 逆境中求生存，顺境中易消亡。

2553. 忍一时风平浪静，退一步海阔天空。

2554. 得意淡然，失意坦然；喜而不狂，忧而不伤。

2555. 择善人而交,择善书而读,择善言而听,择善行而从。

2556. 习惯若不是最好的仆人,便是最差的主人。

2557. 人的思想如一口钟,容易停摆,需要经常上紧发条。

2558. 站得高,方能看得远。

2559. 人逢喜事精神爽,月到中秋分外明。

2560. 当取则取,当舍则舍。

2561. 宽恕别人,就是原谅自己。

2562. 刚柔并济才能久立于世。

2563. 和若春风,肃若秋霜;取象于钱,外圆内方。

2564. 内外相应,言行相称。

2565. 拿得起是一种勇气,放得下是一种度量。

2566. 水停百日生毒,人闲百日生病。

2567. 家和人和万事兴。

2568. 心定才能身定,心正才能行正。

2569. 好作风其实就是好习惯,坏作风其实就是坏习惯。

2570. 上有所好，下必甚焉。

2571. 冰冻三尺，非一日之寒。

2572. 挨金似金，挨玉似玉。

2573. 谦则能和，傲则易怒。

2574. 虚怀若谷，谦恭自守。

2575. 以德立身，以德服人。

2576. 清者自清，浊者自浊。

2577. 岁寒知松柏，患难见真情。

2578. 大音稀声，大象无形；大成若缺，大巧若拙。

2579. 博采众长，有容乃大。

2580. 吃一堑，长一智。

2581. 善良和谦虚是永远不会令人厌恶的两种品德。

2582. 人在自我非议中完美，又在自我否定中成熟。

2583. 智者受到赞美时字字反思，愚者受到批评时句句反驳。

2584. 勇敢的人经常责备自己，懦弱的人经常抱怨别人。

2585. 批评使智者清醒，吹捧使愚者昏庸。

2586. 人越是深刻地了解自己，越不会浅薄地表露自己。

2587. 只有经历磨难，才能变得坚强；只有经历痛苦，才能感受快乐。

2588. 浇花要浇根，养身要养心。

2589. 有实力才能受到别人的尊重。

2590. 一切真正的和伟大的东西，都是纯朴而谦逊的。

2591. 士有百行，以德为首。

2592. 智慧之于灵魂，有如健康之于身体。

2593. 智慧藏在谦虚的深谷里，胜利站在毅力的高山上。

2594. 挫折是磨刀石，能将意志磨成刀；逆境是炼铁炉，能将信念炼成铁。

第十一辑　戒律篇

2595. "力争四大,力戒四小":立大志向,不打小算盘;干大事业,不搞小圈子;长大智慧,不要小聪明;怀大气魄,不要小脾气。

2596. 水满自溢,人自满会跌倒。

2597. 心高不可气傲,不要把自己看得太了不起,不要把自己看得太重要,必须审时度势,收敛起锋芒,做好眼前的事。

2598. 不以穷变节,不以贱易志。

2599. 不矜细行,终累大德。

2600. 为官需"四剪":剪除不良习惯,剪齐不肖之友,剪掉繁赘语言,剪灭过多欲望。

2601. 正直而不固执。

2602. 为富不可不仁,为贵不可不义。

2603. 领导者最应谨言慎行。

2604. 无功不受大禄,无助不受大礼,无能不得大位。

2605. 胜不骄,败不馁。

2606. 见利必先思善。

2607. 只有小聪明,绝对无法高人一等。

2608. 时刻警惕自己出危险。

2609. 脾气大就会自伤身心。

2610. 只有防微杜渐,才能防止祸患。

2611. 慎微者方有大天地。

2612. 卑微时豁达大度,才能在显赫时不骄不躁。

2613. 忌妒别人,不会给自己增加任何好处,也不可能减少别人任何成就。

2614. 嫉妒是荆棘,自傲是滑坡,跋扈是深渊,贪婪是悬崖,轻信是陷阱,不义是自毙。

2615. 人为善,福虽未至,祸已远离;人为恶,祸虽未至,福已远离。

2616. 不妄求,则心安;不妄做,则身安。

2617. 不自重者,取辱;不自长者,取祸;不自满者,受益;不自足者,博闻。

2618. 最大的敌人是自己,最大的失败是自大,最大的罪过是自欺欺人。

2619. 个人主义不除,精神堤坝难固。

2620. 小处不渗漏,暗处不欺隐。

2621. 以严守道、以严凝神、以严聚气,公正廉洁、踏实有为,才能把握住自己人生的航向,也才能在公众的支持和信任中更好地前行。

2622. 多沉思一下心底的律令,严守当头、自警自省,求一个问心无愧,养一身浩然正气,修一颗赤子之心。

2623. 不能制约自己的人,不能称之为自由的人。

2624. 士不可以不弘毅,任重而道远。

2625. 志当存高远。

2626. 志小则易足,易足则无由进。

2627. 不怕百事不利,就怕灰心丧气。

2628. 富贵不能淫,贫贱不能移,威武不能屈。

2629. 老当益壮,宁移白首之心;穷且益坚,不坠青云之志。

2630. 人生自古谁无死,留取丹心照汗青。

2631. 玉碎不改白,竹焚不毁节。

2632. 不傲才以骄人,不以宠而作威。

2633. 勿以恶小而为之,勿以善小而不为。

2634. 天下之福,莫大于无欲;天下之祸,无大于不知足。

2635. 欲多伤神,财多累身。

2636. 欲生于无度,邪生于无禁。

2637. 骄傲是无知的别名。

2638. 好马不吃回头草,好汉不夸旧功劳。

2639. 火要空心,人要虚心。

2640. 骄傲跌在门口,谦虚走遍天下。

2641. 骄傲与失败挂钩,虚心与进步交友;懒惰和愚昧相亲,奋斗跟胜利握手。

2642. 没有伟大的意志力,就不可能有雄才大略。

2643. 风平浪静不丢桨,形势大好不丢枪。

2644. 节食则无疾,择言则无祸。

2645. 如果没有正义,勇气不是美德。

2646. 身不正,不足以服;言不诚,不足以动。

2647. 言必信,行必果。

2648. 嫉妒别人,等于歧视自己。

2649. 重人者人恒重之,侮人者人恒侮之。

2650. 石可破,而不可夺坚;丹可磨,而不可夺赤。

2651. 谗言谨莫听,听之祸殃结。

2652. 胆子大和胡说乱骂,是相似而实非。

2653. 浅明不见深理,近才不睹远体。

2654. 水不明则腐,镜不明则锢,人不明则堕于云雾。

2655. 默认自己无能,无疑是给失败制造机会。

2656. 听误多害,听妄多败。

2657. 忠言逆耳利于行,良药苦口利于痛。

2658. 人不自爱,则无所不为;过于自爱,则一无所为。

2659. 君子宁为维护尊严而死,不为苟且偷生而寡廉鲜耻。

2660. 自爱者方能为人所爱。

2661. 纵欲戕生。

第十一辑 戒律篇

2662. 安乐有致死之道，忧患为养生之本。

2663. 不欲极饥而食，食不过饱；不欲极渴而饮，饮不过多。

2664. 生命在于运动。

2665. 不怕年老，就怕躺倒。

2666. 脑怕不用，身怕不动。

2667. 节食以去病，寡欲以延年，已饥方食，未饱先止。

2668. 精神不运则愚，血脉不运则病。

2669. 一个人的情绪低落，疾病就会控制他的躯体。

2670. 夜饱损一日之寿，夜醉损一月之寿。

2671. 立身不求无患，身无患则贪欲生；处世不求无难，世无难则骄奢起；做人不求无忧，人无忧则祸害临。

2672. 自律自强自奋起，守纪守法守底线，心清心洁心安宁。

2673. 不争权位，不玩权术，不畏权势。

2674. 国毁于乱，政毁于暴，官毁于贪，业毁于嬉。

2675. 既要严于律己,又要严于律近,还要严于律亲。

2676. 不搞"小圈子",不占"小便宜",不结"小兄弟"。

2677. 习勤忘劳,习逸成惰。

2678. 老实常在,虚假常败。

2679. 生于忧患而死于安乐。

2680. 恶小耻者,不能立荣名。

2681. 不汲汲于荣名,不戚戚于卑位。

2682. 天作孽,犹可违;自作孽,不可活。

2683. 成德每在困穷,败身多因得志。

2684. 不可以一时之得意,而自夸其能;亦不可以一时之失意,而自坠其志。

2685. 人生至愚是恶闻已过,人生至恶是善谈人过。

2686. 盛满易为灾,谦冲恒受福。

2687. 善誉人者,人誉之;善毁人者,人毁之。

2688. 一念之非即遏之,一动之妄即改之。

2689. 乐太盛则阳溢,哀太甚则阴损。

 第十一辑 戒律篇

2690. 一处弛则百处懈。

2691. 欲而不知止，失其所以欲；有而不知足，失其所以有。

2692. 以自我为中心的人，将困于人生最大的陷阱。

2693. 车无辕不行，人无信不立。

2694. 松竹梅，岁寒三友；清慎勤，为官三要。

2695. 千丈之堤，以蝼蚁之穴溃；百尺之室，以突隙之烟焚。

2696. 风起于青萍之末，浪成于微澜之间。

2697. 上之所为，人之所瞻。

2698. 理上则下正，理身则人敬。

2699. 官德彰则民风淳，官德毁则世风降。

2700. 小洞不补，大洞吃苦。

2701. 小事当慎，小节当拘；心明如镜，不让纤尘。

2702. 被爱钱财或爱权之欲望所征服就是失去尊严。

2703. 气度狭小就被逆境驯服，宽宏大量足以把逆境克服。

2704. 不诚不足以立身，不信不足以成事。

2705. 乐不可极，极乐成衰；欲不可纵，纵欲成灾。

2706. 他律只能防范最坏，自律才能达到最优。

2707. 凡是要求别人做到的，自己要首先带头做到；凡是要求别人不做的，自己必须带头做到。

2708. 思慎微眇，早防未萌。

2709. 福来有由，祸来有渐；渐生不忧，将不可悔。

2710. 堤溃蚁穴，气泄针芒。

2711. 上不怨天，下不尤人。

2712. 贵之而不骄，委之而不专，扶之而不隐，危之而不惧。

2713. 志不强者智不达，言不信者行不果。

2714. 利不可以虚受，名不可以苟得。

2715. 不以身尊而骄人，不以德厚而矜物。

2716. 不曲道以媚时，不诡行以邀名。

 第十一辑 戒律篇

2717. 自骄自满，虽安必危；自戒自强，虽乱必理。

2718. 自高则必危，自满则必溢。

2719. 骄奢生于富贵，祸乱生于所忽。

2720. 大功之后，逸乐易生。

2721. 不以物喜，不以己悲。

2722. 谗言巧，佞言甘，忠言直，信言寡。

2723. 谄言溺心，奸言败德。

2724. 德不配位，必有灾殃。

2725. 善禁者，先禁其身，而后人；不善禁者，先禁人而后身。

2726. 善不由外来，福不可虚作。

2727. 最危险的懈怠莫过于精神的懈怠，最不能有的丧失莫过于精神的丧失。

2728. 心不动于红利之欲，手不伸于物流之诱，目不炫于七色之惑。

2729. 气节重如泰山，利欲轻如鸿毛。

2730. 痛莫大于闻过，辱莫大于不知耻。

2731. 不做亏心事，不怕鬼敲门。

2732. 头顶三尺有神明，不畏人知畏己知。

2733. 眼不斜上,耳不偏,口不歪,手不长,足不短。

2734. 道自微而生,祸自微而成。

2735. 小节不慎,大德难成。

2736. 讲感情不等于徇私情。

2737. 人无癖不可与交,以其无深情也;人无疵不可与交,以其无真气也。

2738. 嗜之有度,好之有道。

2739. 舟必漏而后入水,土必湿而后生苔。

2740. 逆不变其节,顺不堕其志,功不傲其气。

2741. 小节失守,大节难保;小洞不补,大洞难堵。

2742. 不虑于微,始贻大患;不防于小,终累大德。

2743. 事业千古事,仕途一时荣。

2744. 勤俭治家之本,和顺齐家之本,谨慎保家之本,诗书起家之本,忠孝传家之本。

2745. 恶不可积,过不可长。

2746. 不为人情关系所缚，不为歪风邪气所扰，不为个人得失所困。

2747. 刀不磨要生锈，人不管要落后。

2748. 狂言伤人更伤己。

2749. 美丑一念产，祸福一线牵。

2750. 重"德"必兴，缺"德"必危。

2751. 乐极生悲，欲过必危。

2752. 无欲则刚，纵欲必亡。

2753. 贪欲会让人永远浸泡在无边的苦海中。

2754. 贪欲一闪念，放纵毁终生。

2755. 誉过，毁；言过，伪；权过，危；计过，鬼。

2756. 贪欲是忧愁和痛苦的发源地。

2757. 欲望膨胀是一切罪恶的根源。

2758. 乐极无乐，欲极祸至。

2759. 见利忘义，可恨；见利忘危，可笑；见利忘本，可耻；见利忘命，可悲。

2760. 富极多忧，权重多险。

2761. 不诚则有累，诚则无累。

2762. 欲不可绝，亦不可纵；抑情欲，节食欲，寡权欲。

2763. 物质生活过于奢侈，精神世界往往贫穷。

2764. 有德不必彰，有权不必枉，有钱不必横，有理不必扬。

2765. 得意不忘形，得福不忘恩，得势不忘本，得志不丢根。

2766. 受辱须止怒，得誉防轻狂，厚德莫乐极，重失莫悲长。

2767. 人不自爱，必有祸害。

2768. 人，成于忧患，败于安乐。

2769. 天堂和地狱都是人自己建造的，进天堂和下地狱也是自己决定的。

2770. 喜欢斤斤计较，烦恼不请自到。

2771. 不战胜自我难以自尊，不净洁自我难以自信，不跳出自我难以自强。

2772. 人，因自觉而成长，因自满而堕落。

2773. 逆境不忘乐，顺境不忘忧。

2774. 良知不能昏睡，道义不能色盲。

2775. 己之短不可藏，己之长不可扬；以谦卑心看人，以恭敬心看事。

2776. 规小节者不能成荣名，恶小耻者不能立大功。

2777. 不安于小成，然后足以成大器；不安于小利，然后可以立远功。

2778. 月满则亏，水满则溢。

2779. 俭节则昌，淫逸则亡。

2780. 宁可正而不足，不可邪而有余。

2781. 爽口食多偏作病，快心事多恐遭殃。

2782. 虚心者常思己过，骄傲者总夸己长。

2783. 欲而不知止，失其所以欲；有而不知足，失其所以有。

2784. 欲多则心散，心散则志衰，志衰则思不达。

2785. 少欲则心静，心静则事简。

2786. 去贪欲之念，戒浮躁之心，弃非分之想。

2787. 心可逸，形不可不劳；道可乐，身不可不忧。

2788. 能除患则为福，不能除患则为害。

2789. 临祸忘忧，忧必及之。

2790. 得之，不要大喜，不可贪得无厌；
失之，也切勿大悲，不可失去精神。

2791. 贪婪是残忍之母。

2792. 奢欲无度，必会人亡政息；制欲止奢，
多会成就一番大业。

2793. 天下大福，莫大于无贪欲；天下大祸，
莫大于欲无底。

2794. "居家"正，"居官"方能正。

2795. 勤俭不兴，贪欲不止；节约不行，
欲壑难平。

2796. 家之良妻，犹国之良相。

2797. 家有贤妻，则士能安贫守正。

2798. 一日不知非，即一日安于自是；
一日无过可改，即一日无步可进。

2799. 心不为物所役，行不为名所累。

2800. 近不修，则无以行远路；低不修，
则无以登高山。

2801. 在自己得意的时候，不要让别人感
到委屈；在别人得意的时候，不要

让自己感到委屈。

2802. 拒绝消极。

2803. 自尊而不自轻，自信而不自满。

2804. 虚伪首先是自己的敌人。

2805. 友情有度。

2806. 虚伪是懦夫的德行。

2807. 愤怒以愚蠢开始，以懊悔告终。

2808. 自私自利之心，是立人达人之障。

2809. 心灵的疾病比肉体的疾病更危险。

2810. 绝对休息制造忧郁。

2811. 没有健康就没有乐趣。

2812. 有悔则吉。

2813. 仰不愧天，俯不愧人，内不愧心。

2814. 不自爱，则无所不为；过于自爱，则一无所为。

2815. 哀莫大于心死，愁莫大于无志。

2816. 强不犯弱，众不暴寡。

2817. 不避强，不凌弱。

2818. 善气迎人，亲如弟兄；恶气迎人，害于戈兵。

2819. 良言一句三冬暖，恶语伤人六月寒。

2820. 无礼则民无耻。

2821. 退无仪，则政令不行。

2822. 上多故则下多诈。

2823. 上邪不难正，众枉不可矫。

2824. 人无礼则不生，事无礼则不成，国家无礼则不宁。

2825. 人有礼则安，无礼则危。

2826. 将不可骄，骄则失礼，失礼则人离，人离则众叛。

2827. 枉己者不能直人。

2828. 私视使目盲，私听使耳聋，私虑使心狂。

2829. 私心胜者，可以灭公。

2830. 顾小而忘大，后必有害。

2831. 不去小利，顾大利不得。

2832. 志不立，万事皆休。

2833. 内不欺己，外不欺人。

2834. 不可非世是己，不可卑人尊己。

2835. 名心胜者必作伪。

2836. 以势交者，势倾则绝；以利交者，利穷则散。

2837. 正己而不求于人，则无怨。

2838. 必先自治，乃可治人。

2839. 出言必信，则令不穷。

2840. 失信不立。

2841. 言不苟出，行不苟为。

2842. 生死穷达，不易其操。

2843. 满招损，谦受益。

2844. 自满者败，自矜者愚。

2845. 敬为入德之门，傲为聚恶之府。

2846. 慎始而敬终，终以不困。

2847. 谨于言而慎于行。

2848. 利不苟取，仕不苟进。

2849. 临财勿苟得，临难无苟免。

2850. 病莫病于无常，短莫短于苟得。

2851. 无范不可以成长。

2852. 心寡欲为要。

2853. 守真志满，逐物意移。

2854. 水清则见毫毛，心清则见天理。

2855. 志不可一日坠，心不可一日放。

2856. 勿疏小善，方恢大略。

2857. 尽小者大，慎微者著。

2858. 志毋虚邪，行必正直。

2859. 施惠勿念，受恩莫忘。

2860. 用权如衡，唯公唯平。

2861. 水至清则无鱼，人至察则无徒。

2862. 一言出口，驷马难追。

2863. 不畏浮云遮望眼，只缘身在最高层。

2864. 一粥一饭，当思来处不易；半丝半缕，恒念物力维艰。

2865. 成人不自在，自在不成人。

2866. 树德务滋，除恶务本。

2867. 善不可失，恶不可长。

2868. 自满者，人损之；自谦者，人益之。

2869. 勿为谄媚遮望眼。

2870. 量大福也大，机深祸亦深。

2871. 操守要谨严，不然，则会自取其辱。

2872. 丧失平淡之心，就是权力肆虐、底线失守、人格塌陷的那一根引线。

2873. 个人名利淡如水，党的事业重如山。

2874. 欲多则心散，心散则志衰，志衰则思不达。

2875. 有志不在年高，无志空长百岁。

2876. 功不可虚成，名不可伪立。

2877. 多行不义，必自毙。

2878. 德不优者，不能怀远；才不大者，不能博见。

2879. 卒然临之而不惊，无故加之而不怒。

2880. 不可"怒发冲冠"，不能"怒不可遏"，而应"怒不失态"。

2881. 从善如登，从恶如崩。

2882. 放荡功不遂，满盈身必灾。

2883. 谦逊换来百事顺，小心驶得万年船。

2884. 依人者危，臣人者辱。

2885. 静听心曲终不失风范，涵容悲喜定不负禅心。

2886. 从崇高到荒唐只有一步，从荒唐到崇高却没有路。

2887. 任何辉煌都要归于平淡，所以得意不可忘形。

2888. 若是走错了路,停止就是进步。

2889. 恭维就像香水,可以闻,但不可以喝。

2890. 不忧不惧、精进奋发,是祛病的第一良方;不推不拒、放下执著,是除恼的第一秘诀。

2891. 安莫安于知足,危莫危于多言;乐莫乐于好善,苦莫苦于多贪。

2892. 做人不成功,做事成功是暂时的;做人成功,做事不成功是暂时的。

2893. 自由不是想干什么就干什么,而是想不干什么就不干什么。

2894. 真正的悲哀是对自己的放纵。

2895. 忧虑导致健康下降。

2896. 烦闷也会导致疲劳。

2897. 穷不灭志,富不癫狂。

2898. 放弃不是简单的丢弃,而是舍掉不必要的包袱。

2899. 八种恶习不可有:无事生非、无中生有、无病呻吟、无理取闹、无功受禄、无端猜疑、无法无天、无情无义。

2900. 福由己发，祸由己生。

2901. 祸福无门，唯人自召。

2902. 乐不适时必成忧。

2903. 成大功者，小小顺意不足喜，小小拂意不足惧。

2904. 悲观失望是阴湿的地狱，而乐观豁达则是明朗的天堂。

2905. 人不可有傲气，但不可无傲骨。

2906. 忘了自己的缺点，就产生骄傲自满。

2907. 骄傲是盲目的，自信则是清醒的。

2908. 腾不出时间娱乐，迟早会被迫腾出时间生病。

2909. 该动不动要短命，该休不休要折寿，该收不收要伤命，该眠不眠要短寿。

2910. 多随喜，少嫉妒。

2911. 不要只看到舍，舍中必然会有得；不要只注重得，更要注重自己的舍。

2912. 世上没有后悔药，侥幸终究害自己。

2913. 少些为官之事,多点为官之责。

2914. 从政不能有副业。

2915. 不可居功自傲。

2916. 政治要清醒,做人要清白,官德要清澄,目标要清楚,作风要清雅,思路要清晰,关系要清爽,生活要清淡,心理要清静,收入要清澈。

2917. 坐上位子就要挑好担子,挑好担子才能坐好位子。

2918. 人无信不立,政无信不威。

2919. 儿孙自有儿孙福,莫为儿孙做远忧。

2920. 不可"知变不知常"。

2921. 不饱食终日,不弃功于寸阴。

2922. 不背弃信仰,不脱离群众,不贪爱外财,不慕图虚名,不结交糜俗,不伙投恶党,不记怨私仇,不招揽烦事,不以公谢私。

2923. 不因小失大是一种大智慧。

2924. 路是要自己走的,但不能偏离正确的方向。

2925. 坚持正确原则，切忌随波逐流；坚持与时俱进，切忌随遇而安；遵循客观规律，切忌随心所欲；坚守职业操守，切忌随世沉浮。

2926. 一个有希望的民族不能没有英雄，一个有前途的政党不能没有标杆。

2927. 如果只想当官不想干事，只想揽权不想担责，只想出彩不想出力，就没有资格做领导工作。

2928. 舍己而教人者逆，正己而教人者顺。

2929. 管人者必管自己，教育者必先受教育。

2930. 最大的危险是看不见危险，最大的问题是看不到问题。

2931. 盛年不重来，一日难再晨。

2932. 言行不一，可怕；心口不一，更可怕。

2933. 恢弘志士之气，不宜妄自菲薄。

2934. 虚心的人十有九成，自满的人十有九空。

2935. 在人之上，要视别人为人；在人之下，要视自己为人。

2936. 哭泣是懦弱的宣泄，微笑是勇敢的宣言。

2937. 愿望是半个生命，淡漠是半个死亡。

2938. 失去金钱事小，失去名誉事大，失去了勇气就失去了一切。

2939. 成由俭约，败因奢靡。

2940. 一诺千金，有诺必践。

2941. 过方易折，柔韧胜刚强。

2942. 仁者不轻绝，智者不轻怨。

2943. 待人要丰，自奉要约，责己要厚，责人要薄。

2944. 贵而不骄，胜而不悖，贤而能下，刚而能忍。

2945. 处人不可任己意，要悉人之情；处事不可任己见，要悉事之理。

2946. 赏不可不平，罚不可不均。

2947. 人贵有自知之明。

2948. 言行如走棋，一动思三步。

2949. 身忙心不盲，身累心不累。

2950. 危行言逊，不落祸患。

2951. 辅车相依,唇亡齿寒。

2952. 多下及时雨,少放马后炮。

2953. 善不可失,恶不可长。

2954. 弓硬弦常断,人强祸必随。

2955. 居高常虑缺,持满每忧盈。

2956. 讲信用,相当于拥有一笔无形的财富;不讲信用,终将会被社会和大众所不容,变得一无所有。

2957. 走错路,坚持就是失败。

2958. 对人,知感恩;对事,知尽心;对物,知珍惜;对己,知克制。

2959. 饮水思源,缘木思本。

2960. 名誉是把双刃剑。

2961. 藏不住事,不成大事。

2962. 巧言令声多陷阱。

2963. 心口如一终究好,口是心非难为人。

2964. 宠辱不惊,去留无意。

2965. 围师必阙,穷寇勿追。

2966. 节制但不保守,进取但不冒进。

2967. 大船只怕钉眼漏,粒火能烧万重山。

2968. 自以为是，就什么也不是。

2969. 奸险是万恶之端，老实是万善之源。

2970. 吹牛与说谎，两者是近亲。

2971. 守信者先守时。

2972. 最大的罪过莫过于自暴自弃。

2973. 自重不能轻人，自信不可自满，独立不是孤立。

2974. 活泼而不轻浮，严肃而不冷漠，自信而不骄傲，虚心而不盲从。

2975. 谦虚的人总是对自己不满，自大的人总是对别人不满。

2976. 自信的伴侣是知识和坚定，自负的伴侣是愚昧和浅薄。

2977. 爱虚荣者站立在虚幻的台阶上，阿谀者把虚幻的台阶不断加高。

2978. 失望是心灵的自杀。

2979. 玩人丧德，玩物丧志。

2980. 忘功不忘过，忘怨不忘恩。

2981. 话多不如话少，话少不如话好。

2982. 看别人不顺眼，是自己修养不够。

第十一辑　戒律篇

2983. 谦让是福,奢望是祸。

2984. 生的秘诀只有六个字:不要怕,不要悔。

2985. 宁听一人哭,不听一路哭;宁让一家不满,不让大家有险。

2986. 凡事不走脑子,是要吃大亏的。

2987. 勤奋为创造机遇之源泉,懒惰则足以使机遇泯灭。

2988. 贪婪没有牙齿,却能吞噬人的心灵。

2989. 自卑者无力擎起奋斗的大旗。

2990. 喜时之言多失信,怒时之言多失体。

2991. 灰心生失望,失望生动摇,动摇生失败。

2992. 做不了自己意志的主人,永远是无所作为的奴仆。

2993. 跟着感觉走,容易走玄乎;跟着真理走,曙光在前头。

2994. 智慧是谦虚的硕果,骄傲是无知的外壳。

2995. 显规则不落实,潜规则就会有市场。

2996. 不作为和乱作为都一样,都是犯罪。

2997. 权力就是担当,担当就是责任。

2998. 物极必反。

2999. 一荣俱荣,一损俱损。

3000. 人被欲望左右,最终会被欲望吞噬。